오늘날을 위한
삼위일체적 선교

오늘날을 위한

삼위일체적 선교

Trinitarian Doctrine for Today's Mission

레슬리 뉴비긴 지음
한종석 옮김

한국해외선교회출판부

일러두기
이 책은 대한인쇄문화협회에서 제공한 서체(바른바탕체)가 적용되어 있습니다.

목차

　교회를 나타내는 에클레시아는 어원이 '불러내다'이고 선교를 나타내는 미시오는 그 뜻이 '보내다'이다. 불러냄과 보냄은 두 가지 다른 현상을 표현하는 단어이지만 내용적으로 같은 것을 다른 관점에서 표현했다고 할 수 있다. 만일 불러낸 자들 중에 누구라도 보냄을 받지 않은 자가 있다면 '불러냄'과 '보냄'은 같은 내용이 아니겠지만 불러낸 자들 모두가 보냄받은 자들이라면 그 둘은 같은 공동체를 다르게 표현하는 말이 된다. 따라서 교회와 선교 혹은 교회 공동체와 선교 공동체는 완전하게 같은 무리를 다른 시각에서 묘사하는 말이다. 오늘날 교회 공동체와 선교 공동체가 완전히 같지 않고 일부 공집합의 형태로 존재한다면 그것은 성경이 말하는 것과 다르다.

교회들의 연합체인 '세계교회협의회'와 선교 공동체들의 연합체인 '국제선교협의회'가 나뉘어 있을 때 그것이 옳지 않다고 생각하며 통합을 시도한 사람들이 있었다. 옳지 않음의 이유는 달랐겠지만 적어도 성경이 말하는 근본적인 원리의 관점에서 그 둘의 통합을 시도한 사람들이 있었는데 레슬리 뉴비긴이 그중 한 사람이다. 그러한 노력은 결실을 맺어 결국 1961년 교회협의회와 선교협의회가 통합하게 된다. 통합이긴 하지만 사실상 선교협의회가 교회협의회에 병합되고 선교는 통합된 조직 안에서 하나의 분과(세계선교와 전도위원회, CWME)로 존재하게 된다.

　이러한 통합은 특히 선교를 과업과 실용적인 측면에서 강조하는 소위 '복음주의' 계열의 우려를 가져왔다. 선교가 약화될 것이라는 염려였다. 우려는 현실이 되었고 선교는 본질을 상실하고 소위 '하나님의 선교'라는 좋은 용어에도 불구하고 사변적으로 흐르게 되고 그 속에 가려져 쇠퇴의 길에 들어서게 되었다. 결국 약화된 선교를 되살리기 위해 통합에 참여하지 않은 '복음주의'가 결집하였고 스위스 로잔에 모여 새로운 운동을 결의하였다. 로잔 운동의 딜레마가 늘 '사회참여'와 '복음전도' 사이를 봉합하는 문제로 귀결되는 이유는 그 시작을 교회와 선교의 통합으로 인해 약화된 선교에 대해 좀 더 근본에서 출발하지 않고 약화에 대한 반작용에서 출발한 것에 기인한다. 하지만 더 깊게 들어가면 그 이유는 교회와 선교가 통합될 때 풀었어야 했던 문제를 해결하지 않고 시작한 것에 닿게 된다. 그렇다면 그 풀었어야 하는 문제는 무엇인가?

그 문제를 심각하게 고민하며 성찰하고 방안을 제시했던 사람이 뉴비긴이고 그 성찰의 첫 열매가 바로 이 책이다. 뉴비긴은 교회와 선교라는 큰 주제의 통합 그리고 실제적으로 큰 두 기구의 통합이 완성되고 나면 그 이후에 발생할 문제들을 이해하고 있었다. 그리고 그 문제들이 연합에 필요한 전략적인 문제를 포함한다는 것도 알고 있었지만 그런 기구의 연합 자체가 궁극적인 주제와 목적이 아니라는 사실을 직시하고 있었다. 현실적인 연합이 잘 되는 것이 궁극적인 목적이 아닐뿐더러 심지어 잘 연합되는 것에 초점을 맞출 경우, 오히려 교회와 선교가 통합되어야 하는 본질적인 목적을 상실할 수도 있기 때문이다. 뉴비긴은 오히려 변할 수 없는 진리를 함께 보는 것이 통합의 진정한 목적이라고 이해하고 있었다. 해서 교회와 선교가 함께 바라보아야 하는 진리로서 삼위일체적 선교를 제시했다.

불행하게도 그의 제안은 받아들여지지 않았고 통합의 전략적 성공 여부와 관계없이 —결과적으로는 전략적으로도 성공하지 못했는데 근저에는 본질의 실패가 있다— 통합된 세계교회협의회는 내리막 길을 걷게 되고 앞서 말한 것처럼 반작용으로 로잔 운동이 시작되고, 지금까지 로잔은 출발점으로 삼았던 이분법을 봉합하는 시도를 해왔다. 복음 전도의 우선성(Primacy)을 말하기도 했고 지난 대회에서는 우선성보다는 궁극성(Ultimacy)이라는 용어가 소개되기도 했지만, 여전히 뉴비긴이 성찰하고 제시했던 삼위일체적 선교에까지는 나아가지 못하고 있다. 이런 상황에서 세월이 많이 지나긴 했지만 뉴비긴의 이 초안과도 같은 책을 번역 출판하는 일은 한국교회와 세계선교가 본질로 다시 돌아가기를 희망하는 선교 공동체의 간절한 소망 때문이다.

뉴비긴은 예수 그리스도의 유일성, 충족성, 최종성이라는 기초를 세우고 출발한다. 선교에 있어 예수 그리스도 이외의 주제는 모두 부수적이고, 교회 연합에서 예수 그리스도 외에 다른 근거는 모두 제외된다고 선포한다. 즉, 예수를 주로 고백하는 사람이라면 누구에게나 열려 있지만(개방성) 고백하는 사람에게만 열려 있다는 (제한성) 말로 경계를 분명하게 긋는다. 과거에 오직 예수 그리스도라는 진리를 확증하지 않아도 큰 저항 없이 선교할 수 있던 시대가 있었으나 이제 다원주의적인 상황이 보편화된 시대에 그 확증이 없이 바른 선교는 불가능하다고 선포한다. 선교가 여러 유형으로 발전되어 타문화에 가서 하는 모든 일이 선교라고 믿는 오늘날의 선교 환경에서 깊이 물어야 할 질문이다. 사과 하나를 주면서 복음을 나누고 있다고 믿는다면 어느 날 사과 두 개를 주는 다른 종교나 가치가 침범할 때 비로소 복음이 아니라 그저 사과 하나를 주고 있었음을 깨닫게 되고 후회하게 될 것이기 때문이다.

뉴비긴은 기독교 선교가 처한 상황을 먼저 몇 가지로 제시한다. 첫째로 기독교의 발전은 곧 세상의 발전이라고 동일시했는데 중국 공산화 등을 경험하면서 기독교가 진보하는 것이 아니라 퇴보하는 듯이 보이고, 둘째로 개인과 공동체의 영역에서 기독교가 미치는 영향과 영역이 현저히 줄게 되었다는 것, 마지막으로 선교가 이루어진 곳에서 기독교가 소수 종교로 머물며 그나마 그 소수 종교가 된 현지 공동체가 지극히 외부 의존적이고 주류 사회를 향한 선교적이기보다는 내부지향적으로 변하는 일종의 부작용이 생겼다는 것이다. 이런 상황은 예수를 주로 고백하는 우리에게 묻고 있다고 지적한다.

> 하나님께서 그리스도 안에서 단번에 이루셨고 교회의 증거를 통해서 지속적으로 하고 계시는 일과 세상 역사 안에서 일어나는 사건 전체는 도대체 어떤 관계가 있는가?

그리고 이 질문에 대해 뉴비긴은 삼위일체의 시각에서 보아야 한다고 말한다. 데럴 존슨이 말한 대로 삼위일체 교리는 신학자들의 머리에서 시작된 것이 아니라 복음을 증거하는 평범한 그리스도인들의 삶과 사역에서 시작된 것이다. 다시 말해, 삼위일체는 그저 학자들의 지적인 사유가 아니라 그 교리 자체가 실제 이방 문화에 복음을 증거하던 선교적인 상황에서 발전되었고 선교 상황에서 늘 중심에 있는 주제이며 피할 수 없는 기초였다는 사실이다. 성부와 성자와 성령에 대한 언급 없이 진정한 복음을 나눈다는 것은 불가능하다. 뉴비긴은 이렇게 설명한다.

> 명시적인 삼위일체 신학이 설교자의 설교나 새로운 개종자가 이해할 핵심이 되어야 한다고 제안하는 것은 아니다. 우리는

이미 신약성경 안에서 조차도 이러한 명시적 신학이 발견되지 않는다고 말했다. 오히려 하나님이 이 시대 우리에게 제기하시는 질문에 대한 진정한 이해 그리고 선교 과업의 의미에 대해 진정하게 다시 진술하는 것은 신약성경의 토대인 성부, 성자, 성령으로 계시된 하나님에게 기초함을 말하고자 하는 것이다(4 장 본문 중에서).

여전히 오늘날 선교의 새로운 방법을 찾는 사람이라면 이 책을 읽으며 '그래서 뭐 어떻게 하라는 거야?'라고 할지 모른다. 왜냐하면 이 책은 방법에 대한 것이 아니라 관점과 기초에 관한 질문을 다루고 있기 때문이다. 가짜를 연구하면 새로운 가짜가 나타날 때마다 혼란의 과정을 겪어야 하지만 진짜를 알면 아무리 정교한 가짜가 새롭게 나타나더라도 직감적으로 알아차린다는 소위 위조지폐 식별의 방법처럼 변화하는 세상에서 선교의 새로운 방법을 끊임없이 갈구하는 소위 가짜 연구에 치우친 오늘날, 다시 진짜를 품고 생활하고 느끼는 성찰의 시간이 요구된다. 그런 고민을 하는 사람들에게 이 책은 다소 투박하지만 원석과 같은 성찰의 책이다.

이 책을 출판하기로 결정한 '품 시리즈'의 위원들, 그리고 번역을 맡아 수고한 한종석 선교사, 글을 다듬고 가독성이 높게 윤색해준 김다솜 선교사, 출판을 맡아 수고한 한국선교연구원의 식구들, 이 모든 분들의 섬김에 깊이 감사를 드린다.

부디 이 책이 어느새 서구와 비서구의 중간자 위치에 서게 되어 미래의 세계 선교에 유의미한 역할을 고민하며 성찰을 시작한 한국교회와 선교계에 도움이 되기를 바라며 모두에게 일독을 권한다.

권성찬

한국해외선교회(GMF) 대표

레슬리 뉴비긴은 그의 자서전[1]에서 이 책의 안타까움을 아래와 같이 드러낸다.

나는 이 책이 통합(국제선교협의회와 세계교회협의회의 통합, 역자주) 이후 "한 몸"(*One Body*)[2]에 대한 속편—새로 구성된 세계 선교와 전도 분과(the Division of World Mission and Evangelism)의 사실상 선언문—의 토대로 사용되기를 희망했으나 결과적으로 그리되지 못했다. 세계교회협의회 총무인 윔(Wim)은 책 속에 담긴 신학에 불만을 표시했고, 분과에 속한 동료들 또한 나를 지지할 만큼의 충분한 확신을 갖지 못했기 때문이다.

이렇게 된 것은 매우 불행한 일이다. 왜냐하면 이 책의 중요성은 단순히 탐바람 대회[3] 직후 일어난 선교의 교회 중심적 이해와 선교를 삼위일체적 관점으로 보는 것 사이의 가교역할만이 아니기 때문이다. 삼위일체적 이해의 개념은 20여 년 후에 나온 뉴비긴의 저서 『오픈 시크릿』(*The Open Secret*) 가운데 충분히 다루어졌지만, 이미 1963년에 처음 출간된 이 책에도 『오픈 시크릿』에 언급된 여러 중요한 주제들이 발견된다. 그 주제들은 서구의 재복음화—이 문구가 사용되지는 않았다—에 대한 개념, 기독교의 윤리적 통찰을 공공의 삶에 적용해야 하는 책무, 복음의 '개인화'에 대한 저항 등이다.

이 책의 중요성은 또 다른 면에서 나타난다. "한 몸, 한 교회, 한 세계"(*One Body, One Church, One World*)를 통하여 통합 지지를 호소했던 뉴비긴은, 앞으로 교회 일치운동이 신중히 나아가도록 세계교회협의회에 완전히 통합되었음을 이전 국제선교협의회 구성원들에게 확인시켜 주거나, 세계교회협의회가 앞으로 선교의 뜨거운 쟁점 및 성도들의 믿음이 위기에 처한 원인을 일반 성도들에게 알려주어 선교적 책임을 지게 하는 것이 아니라는 것이다. 뉴비긴은 이 책에서 당시 "신에게 솔직하기"(*Honest to God*)[4]라는 책이 드러내려고 했던 주제들을 무시하고, 대신 무너져 가고 있는 기독교 제국이 주는 기독교 선교에 대한 의미와 더불어, 더 나은 미래를 향한 인류의 필연적 진보에 대한 믿음과 사회복음의 종말, 그리고 여러 혁명운동의 출현과 같은 문제들과 씨름한다. 그렇다고 뉴비긴이 배타적인 그리스도 중심적 신학을 멀리하고 성부의 섭리와 의지를 열정적으로 강조하여 존 힉(John Hick)의 유명한 '패러다임 전환'을 기대하는 것도 아니며, 성령의 일하심을 강조함으로써, 떠오르는 오순절교회들이 세계교회협의회가 시작된 제네바에서 편안함을 느끼도록 격려하는 것도 아니다.

물론 언급한 측면들이 중요하기는 하지만 이 책의 진정한 중요성과 더불어 재출간되어야 하는 이유는 따로 있다. 바로, 그리스도인들의 책임 그리고 교회의 선교 및 일치가 기독교 신앙의 영원한 삼위일체 진리에 근거함을 보여주기 때문이다. 또한 독자들은 선교의 건강한 성경적 모델과 성령의 일하심을 신뢰해야 한다는 이 책의 호소에도 특별한 관심을 기울여야 할 것이다.

엘레노어 잭슨(Eleanor Jackson)

이 짧은 시리즈(C.W.M.E. study pamphlets)의 제목이 말해주듯 이 책의 목적은 어떠한 결론의 확정이 아닌, 토론으로의 초대이다. 또한, 선교에서 자주 일어나는 문제점에 대한 지속적 토론과 성찰을 하던 중 이 글을 쓰게 되었기에, 이를 통한 실제적 쟁점들이 다루어지기를 희망한다. 그럼에도 불구하고, 이 책의 깊이와 짜임새가 부족한 것을 독자들은 쉽게 알아챌 것이다. 왜냐하면, 여기서 다루어진 쟁점들에 관련된 책들에 대한 좀 더 광범위하고 충분한 연구가 선행되었어야 깊이가 깊어졌을 터인데, 사실 그렇지 못했기 때문이다. 이 책은 세계교회협의회에서 일하는 동료들과 나눈 방대한 양의 토론, 그리고 많은 친구가 친절히 써서 보내 준 논평들로 빚어졌다. 또한 폴 뢰플러(Paul Loffler) 박사의 커다란 도움과 격려가 없었다면 불가능했기에 그에게 특별한 감사를 표한다. 또한, 이 책의 유익 여부를 내가 아닌 독자가 판단해 주길 희망하면서 써 내려간 지극히 개인적인 글이란 사실도 강조하고 싶다.

이 책은 선교적 과업에 관한 관심을 갖고 그에 헌신된 사람들을 위해 쓰였다. 이 책은 선교를 변호하기 위해서 쓴 것도 아니고, 또한 선교가 왜 필요한가? 라는 의문을 지닌 사람들—그들의 질문 중 일부는 경청할 필요가 있음에도 불구하고—을 위하여 쓴 것도 아니다. 이 책은 선교에 가장 깊게 헌신된 사람들을 위한 글이며, 현재 선교의 상황 가운데 생긴 당혹스러움에 대해 그들에게 깊은 성찰을 권하는 시도라 여기면 되겠다.

이 글은 특정한 형태의 행동을 지지하기보다, 현 상황을 이해하기 위한 노력을 담았으며 이 목적은 너무나 분명해서 어떠한 추가적인 설명도 필요하지 않다. 우리에게는 올바른 행동 이전에, 올바르게 바라봄이 필요하다. 비전이 옳다면, 어떻게 행동할지 알게 된다. 그럼에도 이글이 혹여 올바르게 이해하지 못한 부분이 있거든 언제라도 독자들이 바로잡아 주기를 필자는 소망한다.

1장

교회 일치운동 관점에서의 선교

1961 년 11 월, 뉴델리에서 국제선교협의회
(International Missionary Council)와 세계교회협의회(World Council of
Churches)가 통합된 사건에서부터 이야기를 시작하려 한다. 그 사건
은 이전 25 년간 발전해 온, 하나로 이어진 생각들의 외적인 표지
이며 열매이다. 그 과정의 시작점은 (시작점이란 언제나 계획 없이 이루어지
는 경우가 많다) '선교 과업의 교회 중심적인 관점'을 강하게 선언한
1938 년 탐바람에서 열린 세계선교대회(World Missionary Conference)에
서 발견할 수 있다. 탐바람 대회 이후 수십 년은 선교와 교회 일치
란 주제가 보편적인 합의점으로 차츰 향해 가던 시기였다. 교회
일치운동 회의들은, 선교와 교회 일치는 교회의 올바른 특징에 속
한다는 그들의 확신을 다양한 어조로 강조하며 지속해서 상기시켰

다. 왜냐하면 교회란 하나님께서 모든 인류를 자신과 화해시키고자 세우신 바로 그 몸이기 때문이다.

몇 가지 경험들이 어우러져, 위에서 언급한 선교 과업의 본성들이 표출되는 데 이바지했다. 지난 200년간 선교 운동의 경험과 결과로 전 세계 모든 지역에 교회가 세워졌고, 이것은 교회에 대한 사고의 전환을 서서히 일으켰다. 이러한 전환은 선교에 직접 관련이 없는 사람들에게도 일어났다. 또한, 선교 경험의 주요 결과물인 교회 일치운동의 출현도 선교 과업에 새로운 환경을 만들어 냈다.

반면, 서구 세계 특히 유럽 내에서 일어난 사건들은, 그리스도인 공동체와 사회가 동일시되던 개념을 무너뜨렸다. 다시 말해 1914년 이전, 몇몇 선교 저서에서 나타난 유럽 국가들과 기독교의 영향력을 실질적으로 동일시하던 분위기가 사라졌다는 것이다. 이로써 서구 세계는 다시 선교 대상 지역이 되었고, 지역교회는 자신들의 본성과 선교를 새롭게 정의해야만 했다. 즉, 자신들이 속한 국가라는 넓은 사회로부터 구별된 성스러운 존재가 되어야 했다. 이러한 요소요소가 교회의 본성은 선교적이라는 방향으로 신학이 발전하게끔 이끌었다. 교회는 성부로부터 받은 그리스도 선교의 연속으로 세상 가운데 보내진 존재이다. 그저 단순히 그리스도의 이름으로 세상 끝까지 탐험하라고 보냄받은 기관이 아니라는 것이다. 이 같은 진리는 점차 뚜렷하게 인식되어 사람들에게 각인되기 시작했다. 따라서 "선교의 과업이란 하나님의 모든 백성이 모든 세상으로 보내심을 받는 것이다"라는 정의가 내려진다. 특히나 문제의식을 느끼고 이 부분을 곱씹던 사람들에겐 선교를 다르게 정의하는 것은 점점 불가능하게 되었다.

동시에 이러한 생각의 흐름을 강화하는 또 다른 측면의 관련된 요인들이 있다. 세계적으로 일어나는 정치적 권력에서의 균형의 변화, 식민주의에 대한 공격, 외국 선교사들이 선교하는 지역에서의 독립 국가 출현 등과 같은 요인들이다. 이 부분이 합해지면서, 서구적 기반이 당연시되던 선교에 관한 생각 또한 버려지고 바뀌었다. 현시대의 선교는 공개적인 식민주의적 행태를 포기하지 않는 한 거의 존중받을 수 없다. 이러한 세상의 영향들은 교회의 삶과 생각이 '온 세계를 향한 모든 교회의 선교'라는 관점으로 선교를 이해하는 방향으로 움직이도록 촉진한다.

위에 언급된 여러 배경 요인에 대한 이해가 현 논의의 시작점이다. 그러나 선교 과업에 대한 이러한 이해가 실제 선교 사역에서 광범위한 영향력을 발휘한다는 의미는 아니다. 아니, 솔직히 영향을 끼치지 못하고 있다. 이 사안이 시급히 다루어지지 않는다면, 이 문제의 공개적 선언과 일상적인 실천 사이의 틈이 전체 선교 운동을 (뉴델리 위원회에서 채택된 문서를 인용하자면) '도덕적 쇠약'으로 빠지게 할 가능성이 있음을 반드시 언급해야 한다. 뉴델리 위원회는 '선교를 위한 공동 행동'(Joint Action for Mission)이란 이름으로, 말에서 행동으로 옮겨가도록 교회와 선교단체들을 돕기로 했다. 혹, 수년이 걸리더라도 말이다. 그럼에도 지금까지 국제선교협의회가 노력해 온 선교 논의 책임을 세계교회협의회가 지도록 양 기구가 통합된 사실은, 선교 과업의 이러한 개념적 수용을 효과적으로 상징한다. 또한, 이 지점부터 논의가 시작됨을 확인해 준다.

2장

교회 일치의 경계—진리의 문제

국제선교협의회와 세계교회협의회의 통합은 관계의 영역에서 일어난 사건이다. 통합을 주장한 이들이 믿는 것처럼, 통합은 선교 활동의 새로운 관계 성립을 돕는다. 이를 통한 새로운 선교 활동이 지향하는 바는 무엇인가? 선교의 본성에 대한 이해를 바탕으로 현재보다 더욱 정확한 '선교의 모양'을 갖추는 것이다. 그러나 갖춰진 모양을 만들려면 본질에 관한 깊은 질문이 동반되어야 한다. 이것이 바로 우리가 직면해야 할 물음들이다. 교회 일치운동에 참여한 교회들은 왜 선교에 생기 있는 활력을 뿜어내지 못할까? 충분한 잠재력을 지닌 대학생들이 해외선교의 부르심에 뜨뜻미지근한 반응을 보이는 건 무슨 이유일까? 그리 만든 교회의 오류는 무엇일까? 이에 답하기 위하여 부분적으로 인정할 것이 있다. 바로, 관계의 영역과 선교의 방향이 복음의 실제 및 현시대와 동떨어졌다는 점이다. 그럼에도 여전히 질문은 계속된다. 더 근본적인 이유는 없을까? 혹시, 복음의 유일성과 최종성에 대한 교회 안의 깊은 불확실함이 존재하는 건 아닐까?

현시대, 영적인 분위기에 민감한 이들이 갖는 당혹스러움은 놀랄 일이 아니다. 왜냐하면 종교의 영역에서마저 상대주의 정신에 지배되는 것이 요즘 분명한 현상 중의 하나이기 때문이다. 콘스탄틴 시대 이후 유럽이 기독교화된 이래로 서구인들은 현재와 같은 종교 다원주의 세계를 경험하지 못했다. 아시아의 빼어난 종교들이 수천 년간 존재했음에도 불구하고, 서로 접촉할 기회가 없었기 때문이다. 이후, 접촉이 시작되었을 때도 아시아인들이 기독교의 영향을 받는 숫자에 비해, 서구인들에게 아시아의 종교들은 미미한 인상만 줄 뿐이었다. 이건 서구인에게 영향을 끼칠만한 기회가 적었기 때문이었는데, 드디어 18 세기 및 그 이후 엘리트 학자들이 중국 철학을 발견하게 된다. 이는 꽤 큰 충격으로 다가왔다. 서구 사조의 전반적인 유행에까지 사실상 영향을 미쳤다. 하지만, 세계의 종교들을 가르던 장벽이 무너지며 평범한 사람들도 각 종교를 접하게 된 것은 교통과 통신이 발달한 현시대에 접어들어서였다. 사실, 선교를 지지하는 19 세기 서구인들에게 타 종교인들은 외딴 곳에 사는 동떨어진 존재이며 동정이나 호기심의 대상이었다. 따라서 서구인들의 영적인 방어막에 심각한 도전이 될 만큼 삶에 대한 다른 관점을 지닌 존재로 여기지 않았다.

그러나 이젠 상황이 완전히 달라졌다. 종교들은 더 이상 지리상의 거리로 인해 고립되지 않는다. 세계의 구석구석 그리고 모든 종교 공동체에서 자란 학생들이 같은 학문과 같은 책과 세계정세에 대한 같은 주제로 토론하고 공유하며 서구 대학 캠퍼스 안에서 선의의 경쟁을 한다. UN과 그에 부속된 특별 기구를 포함한 거대한 국제기구들, 그리고 정부 간 협의체는 인류가 현재 직면한 문제의 해답을 찾기 위해 모든 종교에 속한 인재들에게 지속적 협력이 가능한 장을 마련해준다. 심지어 유네스코에는 인류의 삶, 그 공통의 영적 원리 형성을 위한 수단을 만들기 위해 신중히 탐구하는 기관도 있다. 모든 종류의 상업, 과학, 문화적 목적의 다양한 국제 회의에서 전 세계의 사람들이 동등한 만남을 갖고 있다. 이러한 환경에서는 다양한 종교들 중에 완전한 진리가 한 종교에만 속한다고 주장하는 것은 그저 어리석게 보인다. 마지막으로, 인구 증가로 인해 다른 나라로 취업을 떠나는 사람들과 난민들, 그리고 이주자들과 더불어 갈 수 있는 곳이라면 어디라도 떠나는 여행객의 홍수는 이러한 다국적 회의에 참석할 기회를 얻지 못한 사람들에게도 미지의 세계에 살고 있는 평범한 사람들의 얼굴을 맞대고 만날 기회를 제공한다.

이러한 새로운 경험들에 직면하며, 선교 사역을 지탱하던 전통적인 버팀목 중 일부가 흔들린다 해도 놀랄 건 없다. 왜냐하면 복음에서 말하는 선교의 진정한 기초에 대해 강단에서 어떻게 설교를 하든 간에 선교의 동기에 여러 불순물이 섞인 것을 부인할 수 없기 때문이다. '선교'라는 말 자체가 동정심과 측은함을 지닌 채 가난하고, 못 배우고, 기회를 얻지 못한 사람들이 모인 곳으로 내려가는 활동을 암시하지 않았는가? 기독교인들이 기도와 물질로 섬기던 선교의 대상인 이교도의 이미지는 대부분 가난하고 무지하고 병든 모습이었다. 줄곧 그렇게 인식했기 때문에, 누군가 국제적인 무대에서 매우 역량 있고 세련된 이교도를 만난다면, 자신이 지닌 전통적 기반이 흔들리는 것은 당연하다.

더 나아가, 인류의 영적 상황에 가장 민감한 이들이 교회에 묻는 중요한 질문이 있다. 그리스도 안에 있는 하나님 계시의 유일성과 최종성을 지속해서 주장함으로 인해, 인류의 분열을 치유하는 역할을 하는 데 교회가 아무런 힘을 쓰지 못하지 않는가 하는 것이다. 이런 비평가들에게 선교적 사고와 교회 일치운동은 인류의 새로운 상황을 고려함에 실패한 듯 보인다. 이제 인류는 하나가 된 공동체로 사는 것과 소멸의 갈림길에 서 있다는 주장도 제기된다. 현재까지 역사 속 인류는 거대한 문화 공동체로 나뉘어 효과적으로 거리를 두고 살아왔다. 특별히 종교는 각 공동체의 유대감과 안정을 이루는 위대한 통합 요인 중의 하나였다. 하지만, 이제 우리 앞에 완전히 다른 세상이 열렸다. 서로 간의 거리를 두고 사는 것은 더 이상 불가능하며, 각 지역의 사람들은 모든 활동 영역에서 지속적 연결이 가능하다. 이러한 때에 인류에게 가장 필요한 것은 각 공동체가 아닌 지구 전체의 일치와 안정을 위한 유대의 핵심을 찾는 것이다. 이때, 수많은 위대한 인류 공동체 중 한 공동체가 믿는 종교를 선택하여 이것만이 모든 인류를 위한 올바른 신앙이라고 주장한다면 어떨까? 아무리 그 종교가 모든 세계에 널리 퍼져 있다고 하더라도, 현재 당면한 상황을 올바로 보지 못하고 있음을 증명하는 것밖에 안 된다. 이러한 주장은 상호 존중의 평화가 그 어느 때보다 필요한 시점에 종교 간의 전쟁을 초래할 수도 있다.

하지만, 위에서 제기된 그리스도의 유일성과 최종성 그리고 인류의 분열을 치유하는 데 있어서 교회의 역할에 대한 질문이 교회 외부에서만 제기되는 것이 아니다. 교회 내부에서도 이 질문에 대한 반향이 일어나고 있다. 그리스도인 역시 세상 속에 사는데, 만약 교회 내부에서 이 질문에 대한 반향이 일어나지 않는다면 이것이야말로 놀라운 일 아닐까? 더 나아가서, 교회 일치운동을 통해 서로를 공격하고 정죄하는 대신, 서로의 목소리에 귀를 기울일 때 얻어지는 풍성함과 위대함을 배운 이들에게 이 반향은 특별히 더 강력하게 일어나야 한다.

최근 수년 동안 우리는, 교회 간의 대화를 통해 반대되는 견해를 가진 사람에게도 그리스도에 대해 배울 게 있음을 여러 번 발견했다. 또한, 우리는 두려움을 허물고 의심을 뛰어넘은 넓은 교제를 통해 새로운 경험의 지평이 열림도 보았다. 따라서 이러한 과정이 더 확장되어야 하지 않을까? 토론을 좀 더 확대한다면 더 많은 것을 배우며 더 많은 교제의 풍성함을 경험하지 않을까? 이런 변화는 세계 종교연합과 같은 형태로 필연적 발전을 이뤄야 하는 것 아닌가? 우리의 선진들처럼 인류의 구원은 예수 그리스도의 이름을 드러내 놓고 영접해야만 가능하다고 여기는가? 라는 질문이 제기됨을 이해한다.

이제 우리는 명확한 핵심 질문, 즉 결정적 진리에 관한 질문에 도달한다. 교회 일치운동은 선교 운동의 결과로 성장했다. 선교란 모든 이를 자신에게 이끄시려 높이 들린 주님께서 끊임없이 일하시는 것이며, 우리는 그것을 이해하는 지점에 다다랐다. 이 결과 선교와 교회 일치는 나눌 수 없는 관계임을 분명히 한다. 또한, 이 시점에서 한 가지 질문에 새로운 방식으로 직면해야 함을 인정하지 않을 수 없다. 바로 온 세상 구세주로서의 예수 그리스도, 그분의 유일성, 충족성, 그리고 최종성에 관한 질문이다. 이 질문은 교회 일치운동의 경험을 통해 다음과 같은 두 가지 방향으로 제기된다.

(a) 선교 과업을 성숙한 교회 일치라는 무대에서 이야기할 때, 그리스도에 관한 질문을 제외한 모든 질문은 원칙적으로 제외된다. 각 사람이 주장하는 선교의 동기는 아시아인에게나 유럽인에게 또한, 러시아인에게나 미국인에게 (원칙적으로) 똑같이 타당해야 한다. 그리고 대놓고 하거나 은연 중에 내포된 다양한 제안들, 예를 들어 선교가 공산주의에 대항하는 보호 수단으로 혹은 낙후 지역을 기술적으로 도와주는 대리자로서 가치가 있다는 등의 제안은 제외된다. 선교를 전 세계적인 무대에 올려놓음으로써 우리는 인류의 가장 근본적인 질문은 예수 그리스도에 대한 것이며, 선교가 제기하는 다른 모든 질문은 부수적이라는 신념에 헌신하는 것이

다.

(b) 일치운동이 선교적인 용어로 이해된다는 것은, 예수 그리스도 이외의 인류의 연합을 위한 다른 어떠한 잠재적 중심도 있어선 안 된다는 것을 의미한다. 이것은 예수를 구주로 고백하는 것에 뒤따르는 긍정적인 영향과 더불어 부정적인 영향도 감내해야 함을 의미한다. 만약 인류의 왕으로 하나님 우편에서 높임을 받으심과 동시에 진정한 인간의 삶을 사신 예수만이 유일한 중심이라면, 그의 지상 사역에서 일어난 일들은 교회를 통한 지속적인 활동에서도 일어나야 한다. 예수의 지상 사역은 연합을 이루는 동시에 분열을 일으키기도 하는데, "평화를 주러 온 것이 아닌 검을 주러 왔다"라는 말씀의 실현이다. 만약 예수가 인간의 왕으로 하나님께 지명받은 존재라면, 인간의 연합을 위한 결정적 근거라 말하는 다른 모든 주장은 불순종으로 비난받아야 한다. 만일 예수가 하나님의 진리의 구체적인 계시라면, 그 계시를 따르지 않는 모든 건 거짓으로 드러나야 한다.

종교 간의 연합을 위한 모든 제안은 궁극적인 진리란 무엇인가에 대한 믿음에 기초를 두는데, 그것이 가끔은 확연하기도 하지만 대부분 드러나지 않는다. 기독교와 다른 종교들의 연합을 이루기 위한 어떤 제안은, 예수 그리스도 안에서의 하나님의 계시 이외에 다른 실체에 대한 (명백한 혹은 숨겨진) 신앙에 기초를 두고 있다. 교회 일치운동을 통해 경청하는 법을 배운 우리의 경험은 기독교 제국의 경계를 넘어서도 사용될 수 있다. 타 종교인이 예수 그리스도가 구주이심을 깨닫고 하나님이 예수 안에 두신 온갖 지혜를 배우고 자 한다면, 우리는 마음을 다해 타 종교인과 대화하는 법을 배워야 한다. 그럼에도 교회 일치운동은 처음부터 끝까지 선교적이다. 왜 냐하면 이 운동은 다른 일치가 아닌, 예수 그리스도의 십자가와 성령의 지속적인 사역을 통하여 하나님이 창조하시는 바로 그 일 치를 이루기 위함 때문이다.

이어지는 확언을 통하여 동일한 두 가지 논점을 설명하려 한다.

(a) 교회 일치운동은 예수 그리스도를 하나님이요 구주로 고백 하는 **어느 사람에게나** 열려있다. 교회 일치운동은 하나님께서 모 든 사람을 자신과 연합시키려 선택하신 예수 그리스도 안에 있다 는 믿음 즉, 예수를 고백하는 사람은 아무리 달라도 서로가 예수 그리스도 안에 있음을 인정하는 믿음으로부터 시작된다.

(b) 교회 일치운동은 예수 그리스도를 하나님이요 구주로 고백 하는 **사람에게만** 열려있다. 왜냐하면 예수 그리스도는 인류를 위 해 하나님이 주신 속죄소이며, 인류의 연합을 위해 제안된 그 어떤 다른 기초도 용납되지 않기 때문이다.

예수 그리스도를 하나님이요 구주로 고백하는 모든 이를 받아들 이는 교회 일치운동의 개방성은 비판을 낳기도 한다. 즉, 개방성으 로 인해 진리의 문제가 타협되었다고 믿는 사람들에 의해서 말이 다. 반면, 예수 그리스도를 구주로 고백하는 이들만 받아들이는 교 회 일치운동의 제한성으로 인해 인류 연합에 방해가 된다고 믿는 이들의 비판을 받는다. 명백한 사실은 교회 일치운동 포괄성의 경계가 사람이 아닌 하나님에 의하여 정해진 것이며, 이 사실이 이 운동의 진정한 본질이란 것이다. 왜냐하면 하나님께서 예수 그리스도를 인류의 유일한 왕이요 머리로 주셨기 때문이다. 그러므로 우리는 예수 그리스도를 인정하는 사람들을 거부해서는 안 되고, 예수 그리스도를 부인하는 사람들을 인정해서도 안 된다.

지금까지의 이야기를 정리하면, 일치를 향한 선교 운동의 발전과 교회 일치 안에서의 선교에 대한 합의는 하나의 핵심 질문을 마주하게 한다. 오직 예수 그리스도만이 주님이며 구원자이고 인류의 머리이며 왕이신가? 사실 이 질문은 전혀 새로운 것이 아닌, 복음이 항상 제기해 온 오래된 질문이다. 그러나 오늘날, 이 질문은 서구 교회의 평범한 성도에게는 새로운 경험으로 다가온다. 모든 종교가 궁극적인 진리의 소유권이 있다고 공개적인 경쟁을 하는 다원주의 사회 안에서, 교회의 평범한 성도는 이제 예수 그리스도의 최종적 권위를 증명하며 믿어야만 하는 위치에 놓였다. 기독교 제국 안에 속해 있을 때, 이 문제는 이런 방식이나 날카로움으로 다가오지 않았다. 기독교 국가에 사는 대다수 사람에게 예수의 이름은 궁극적인 종교적 진리로 우뚝 서 있었기 때문이다. 이 진리를 존중하거나 무시하기도 했고 순종하거나 불순종하기도 했지만, 위협이 될 만한 종교적 경쟁자는 없었다. 하지만, 오늘날은 다르다. 예수 그리스도의 최종 권위에 대한 확증이 반드시 이루어져야 한다. 종교적 진리를 주장하는 경쟁자들의 충돌 속에서, 또한 모든 진리는 상대적이며 부분적이란 생각이 지배하는 사회 안에서 말이다.

종교적 진리에 대한, 이 같은 질문을 심각하게 다루지 않고 선교 사역을 지원하는 것이 가능하던 시절이 있었으나 그때는 이미 지나갔다. 이러한 질문에 직면하지 않는 한 선교 사역의 활력과 올바름의 회복은 없을 것이다.

이 책은 예수가 진실로 모든 인류의 주님이요 구원자라는 믿음 안에서 쓰였다. 예수를 주라 고백하고자 하는 열망과 그로 인해 아버지 하나님에게 찬양을 드리고자 하는 열망에서 쓰였다. 왜냐하면 하나님은 우리를 죄의 사슬과 어둠에 버려두지 않으시고 스스로의 계시인 아들을 우리에게 주셔서 그 아들을 통해 우리를 악의 권능으로부터 구원하셨기 때문이다. 또한 성령 하나님이 믿음을 밝히시고 어둠과 혼돈을 비추시기 위해 인간의 평범한 언어마저 사용하실 수 있다는 믿음으로 써 나갔다. 그러나 이 책은 현재 우리가 직면한 선교적 순종에 직접 관련된 것 이외의 영역으로 이 믿음의 의미를 확장하려고 시도하지는 않는다. 또한 경쟁자들의 주장에 맞서서 복음의 변증을 시도하는 것도 아니다. 이 책은 선교 운동이 전진하려 할 때 당혹스럽게 만드는 이유들을 가능하면 정직하게 마주하고, 우리가 선교 과업을 이해하는 데 필요한 결론을 도출하기 위한 시도이다.

3장

이 시대를 연구하는 이유:
선교는 어디를 향해 가는가?

신앙의 확산을 설명하는 요소들은 확실히 복잡하고 신비롭다. 그 안에는 사회학적으로 일어날 가능성이 있는 현상만으론 설명할 수 없는 더 많은 것이 담겨있다. 그러나 확실한 요소 중의 하나는 신앙이 각자의 경험을 이해하도록 돕는다는 것이다. 물론 이것이 유일한 요소는 아니며 더 많은 요소가 있을 수도 있다. 그러나 오랜 시간을 이어온 하나의 신앙이 지속적 생명력과 변화의 힘을 갖기 위해 각자의 경험을 이해하도록 돕는 것은 꼭 필요한 요소임이 틀림없다.

성경을 근거로 하는 신앙은 원칙적으로 내적이고 개인적인 영적 경험뿐 아니라 역사 속에서 일어나는 인간의 사회적이고 공동체적인 삶과 자연 세계에서 일어나는 일들에 대한 해석을 분명히 제공한다. 하나님이 그리스도 안에서 모든 걸 창조하셨고 완성하신다는 교리 안에 바로 그 내용이 포함되어 있다. 사람들이 세계 선교에 참여하면 그들은 하나님이 인류 전체를 위해 하시는 일에 의미 있는 동참을 하고 있다고 인식하게 될 것이다. 그렇지 않다면 세계 선교는 사람들로부터 온 마음을 다하는 지속적인 헌신을 끌어낼 수 없다. 이 헌신은 안일한 실용주의, 즉 단순히 일만 진행되면 된다는 믿음을 요구하는 것이 아니다. 기독교가 세상을 이해하는 상징은 십자가의 상징이다. 그러나 세속의 역사 속에서 하나님이 일하고 계시는 전체적인 그림에 선교 과업이 어떻게 자리매김하는지 보지 못한다면, 우리 자신도 선교 과업에 궁극적이며 완전한 헌신은 불가능하고 다른 이들에게 헌신토록 요구할 수도 없다. 단순히 우리의 노력만으로 가능한 선교, 즉 일이 잘 진행되기도 하고 때로는 실패하기도 하는, 혹은 염려나 희망만이 충만한 그런 종류의 일, 또는 누군가가 지지할 수 있는 그저 다양한 '대의명분'들 중의 하나인 선교는 성경이 말하는 '하나님의 선교'가 아니다.

예를 들어, 어떤 사람이 일반 근로자를 만났다 하자. 근로자가 관심을 두는 문제들을 함께 이야기 나눌 때, 기독교 신앙이 그가 사는 세상에 빛을 비추며 생산적 역할을 할 수 있도록 힘이 될 것이란 사실을 조금이나마 보여주지 못한다면, 진정한 직장 선교사라 할 수 없다. 직장에서 일하는 선교사는 하나님의 목적 안에서 직장이 갖는 의미는 무엇이며 그 안에서 하나님은 무엇을 하시는지 그리고 어떻게 우리를 하나님의 동역자가 되도록 이끄시는지를 알아야 한다. 비록 불확실하고 모호하더라도, 어느 정도의 이해는

지녀야 한다는 것이다. 또 다른 예로, 예수를 믿는 누군가가 자국의 어려움에 함께하고 있는 힌두교도를 만났을 때 그의 관심사를 외면한다면 마찬가지로 힌두교를 품는 진정한 선교사가 될 수 없다. 그는 힌두교도가 씨름 중인 그것과 기꺼이 함께 씨름해야만 한다. 또한, 인도(India)와 힌두교를 향한 하나님의 일하심에 대해 기독교 신앙은 어떻게 말하는지 이해하도록 도와야 한다. 더불어, 이 시대에 필요를 위한 자원들을 그가 찾도록 기독교 신앙이 어떻게 돕는지도 보여주어야 한다. 이렇게 접근하지 않는다면 선교사는 그저 자신의 의도와 생각을 지지하는 사람들을 찾아 개종시키려는 자로 보일 것이다. 이교도의 세계를 밝힐 수 있는 빛과 사람들로 하여금 그 세계 안에서 바르게 걸어가도록 돕는 영적 힘을 지니고 그 세계로 들어가기보다 사람들을 거기로부터 단순히 빼내가는 자로 보인다는 말이다.

이렇게 특정한 사람들의 상황에서 지적되는 것이 전체 선교적 과업에도 마찬가지다. 선교 과업이 세상을 향한 하나님의 전체 목적과 어떤 연관이 있는지를 조망—시각이 아닌 믿음에 의한—해 주지 못한다면, 이 과업에 대해 확신을 지속적으로 갖기 어렵다. 아마도 이 지점에서 현대의 선교 운동에서 속속 드러나는 당혹스러움의 실체를 찾을 수 있을 것이다. 인류의 세속 역사 가운데 기독교 세계 선교의 위치를 이해하기가 비교적 쉽던 시대를 지나, 고난도의 시대로 이제 막 접어든 바로 이 시점이 당혹스러움의 실체를 찾기에 적절하기 때문이다. 1914년 이전, 서구 기독교인들은 세계사의 움직임과 기독교 선교 운동이 한 방향으로 흐른다고 여겼다. 즉 더 정의롭고, 인간적이며 평화로운 세계질서의 방향으로 말이다. 그들은 세계사를 움직이는 힘들과 함께 기독교 선교 과업을 진행하며 더 나은 미래를 향해 전진한다고 믿었다. 하지만 이 믿음은 안타깝게도 오늘날엔 적용되지 않는다. 총체적이며 보편적인 진보에 대한 이념은 마르크스주의나 다른 형태의 이상주의적 맹신 혹은 회의론과 절망을 남기고 무너졌다. 절망에 굴복하지 않은 사람들과 역사의 마르크스주의적 해석을 받아들이지 않는 사람들은 세상에서 일어나는 여러 사건을 이해할 만한 대안적 기준의 틀이 없어 보인다. 상황이 점차 나아져야 한다거나 기독교 선교가 어떤 것을 개선하는 데 이바지해야 하지 않겠냐는 모호한 느낌은 있다. 기독교 선교가 그렇게 하지 않는다면 다른 곳에서 답을 찾아야 한다는 느낌도 있다. 하나님 사랑에 대한 내적 경험이 매우 중요하고 바람직하지만, 동일한 사랑의 목적이 세상에서도 역사한다는 믿음과 어울리지 못한다면 그 경험은 선교에 아무런 영향도 미치지 못한다. 중국에서의 선교처럼 충격적으로 뒷걸음질 치거나(1949년 중국 공산혁명 후 선교사 철수를 의미하는 것으로 생각된다. ―역자주) 다른 나라에서 일어나는 사건들도 비슷한 방향으로 가는 것처럼 보일 때, 세속 역사의 원리를 담고 있지 않은 선교의 원리는 무너질 것이다.

이와 관련하여 대규모 세계 선교대회들이 각각 과업에 접근하는 다양한 방식을 주의 깊게 관찰하는 것은 필요한 일이다. 복음화를 위한 시기적 성숙과 하나님 나라 도래의 긴박성에 대한 전 세계적인 인식은 1910년 에든버러에서 최고조를 이뤘다. 이 대회의 시작과 끝에는 주님의 수수께끼 같은 말씀이 인용되었다. "여기 서 있는 사람 중에는 죽기 전에 하나님의 나라가 권능으로 임하는 것을 볼 자들도 있느니라." 대회의 막바지에 존 모트(John Mott)는 다음과 같은 말을 인용했다.

> 수 세기 동안 진행되어 온 사역이 마지막 시간에는 더욱 가득
> 해야 한다.

즉각적 세계 복음화와 하나님 나라의 도래, 이것이 바로 에든버러의 절정을 이룬 발언들의 핵심이었다.

1928년 예루살렘대회의 주된 관심사는 여전히 하나님 나라였지만, 다른 방식으로 인식되었다.

> 우리의 목표는 살아계신 구세주 그리스도를 믿는 믿음과 그와
> 의 교제를 통해 그리고 하나님을 믿음으로써 구별되는 사회
> 속에서 삶의 공동체적 나눔을 통해 개인, 사회, 국가들이 그리
> 스도를 닮아가는 것이다.

이 모임의 근본적 관심사는 세상에서 일어나는 일과 그것을 기독교적 관점으로 이해하기에 있었다. 이 모임은 세속주의의 팽배가 기독교에 주는 의미를 주의 깊게 바라봄과 동시에 많은 성찰로

이어졌고, 이후에 교회, 공동체, 국가를 주제로 한 옥스퍼드 대회로까지 연결되었다. 모임의 폐회사는 '하나님의 영광스러운 나라의 희망과 기대'였다. 그러나 전체적인 상황을 볼 때 대표단 중 많은 이들이 하나님 나라를 '새 하늘과 새 땅'이란 관점보다 '그리스도를 닮은 세상'의 관점으로 이해했다고 추론된다.

이와는 대조적으로 1938년 탐바람 대회의 관심은 교회였고, 주제 역시 "교회의 세계 선교"였다. 모트 박사는 그의 개회사에서 다음과 같이 말했고, 실제로 그 사실을 증명하려고 했다.

주목해 주십시오. 우리들의 생각과 이 창의적인 시대를 변화시키는 중심엔 교회가 있어야 합니다. 교회는 세상에서 그리스도의 뜻을 실현하려 그리스도와 그의 제자들에 의해 세워진 하나님에 의해서 구별된 사회입니다.

탐바람 모임은 선교의 사고가, 자주 반복되어 사용되는 용어를 빌리자면, '교회 중심적'이 된 꼭 필요하고도 유익을 주는 시기의 도래를 알렸다. 또한 탐바람 모임에서 나온 실질적인 발전들은 우리가 선교와 일치에 대해 '같은 생각'을 갖는 데 커다란 영향을 미쳤다. 탐바람에서의 이러한 발전이 이 책을 쓰게 된 계기가 되었고, 1952년의 빌링겐 모임도 이 책을 써 나가는 데 도움을 주었다.

반면 빌링겐 모임 중 강한 비판도 일었는데, 바로 선교를 '교회 중심적'으로만 이해하는 배타적인 사고에 대한 것이었다. 그들은 하나님이 교회가 행하는 선교 속에서 역사하시는 것과 교회 밖 일하심의 상관관계에 대해 씨름했지만 결국 합의를 이루지 못했다.

이에 대해서 굿올(Norman Goodall)이 편집한 "십자가 아래에서의 선교"(Missions Under the Cross)는 "하나님이 통치하심에 대한 어떠한 설명도 받아들이기 가장 힘든 바로 이때가 인류가 우리 시대에 어떠한 일이 일어나고 있는지 묻는 바로 그 시점이다. 그들이 당혹스러움과 절망감을 가지고 묻든지 아니면 세속이 주는 저항할 수 없는 희망을 가지고 묻든지 말이다"라고 지적한다.5 십 년이란 시간 동안, 이 시대의 사건 속에서 기독교인들은 하나님의 일하심을 어떻게 이해할 것인지 줄곧 고민하며 질문해 왔고, 마침내 이 질문이 선교 과업을 이해하는 뼈대가 됨을 깨달았다.

1961년 뉴델리 대회에서 합의하기 제일 어려운 부분이 바로 이 문제였다는 점은 매우 중요하다. 한편에서는, 그리스도가 역사의 주인이시므로 우리 시대에 일어나는 모든 사건 속에 일하시며, 우리는 주님의 일하심을 분별해야 마땅하다고 말한다. 또한 평범한 삶을 사는 사람들 안에서 주님을 찾아야 하며, 타 종교인이거나 종교가 없는 사람 속에서도 우리를 만나러 오시는 주님이시기에 그들을 향한 일방적인 독백이 아닌 진정한 대화를 나눠야 한다고 주장한다. 또 다른 편에서는, 이런 종류의 견해가 복음의 유일성을 타협으로 이끄는 혼합주의가 될 수 있다며 두려워했다. 하지만, 안타깝게도 좀 더 깊은 토론은 물론, 질문에 대한 다양한 의견을 두고서 진지하게 대화할 만한 시간이 턱없이 부족했다. 이 토론이야말로 긴급하고도 꼭 필요한 과업이었는데 말이다. 왜냐하면 그리스도의 주권과 세속 역사에서 발생하는 사건들의 관계가 조명되지 않은 채, 그리스도의 권위를 확증할 수 없음은 분명한 사실이기 때문이다.

선교 역사 가운데 선교의 '교회 중심적' 이해가 지배하던 그 시절에 많은 열매를 맺었음을 우리는 인정해야 한다. 바로 이런 교회 중심적 이해가 교회의 일치와 선교에 대한 현재의 합의로 이끌었으며, 세계교회협의회와 국제선교협의회의 통합을 이룬 결과의 전제조건이 되었다. 반면, 교회 중심적인 교리와 선교의 실행은 오해를 불러일으키기도 했다. 교회가 하나님 선교의 참된 대리자 역할을 하며, 하나님이 인류를 대하시는 방식의 맛보기가 되기는 한다. 그러나 세상 가운데 하나님의 일하심이 단지 선교를 통해 교회가 확장되는 것이나 교회 일치와 완전히 동일함을 의미하는 것은 아니다. 또한 세속 역사에서 발생하는 일들이 단지 교회의 이야기를 위한 배경이거나 구원의 드라마를 위한 단순한 무대장치란 의미도 아니다.

성경은 이 문제를 위와 같은 시각으로 보는 것을 허락하지 않는다. 신구약 성경 전체의 주제인 복음은 단순히 인류 문화사의 많은 주제 가운데 하나를 가리키는 게 아니다. 복음은 모든 것의 시작과 끝을 가리키며, 따라서 발생하는 모든 일이 가지고 있는 진정한 의미를 가리킨다. 그러므로 우리의 구속사와 신구약 성경이 가르치는 하나님의 이야기 사이, 그리고 교회의 이야기와 인류 전체의 이야기 사이가 완전히 구별될 수 없음은 당연하다. 성경은 이러한 구분을 하지 않는다. 이스라엘의 이야기가 주변의 이방 민족들의 이야기와 밀접한 연관이 있다는 등의 당연한 이야기를 하는 것이 아니다. 이는 이방 민족들의 모든 이야기가 하나님의 손 안에 있으며, 하나님께서 당신 백성에게 계시하신 마지막을 향해 나아감을 뜻하는 것이다. 이스라엘이 "너희는 나의 증인이라"(예를 들어, 사 44:8)라는 말을 들었을 때, 그것은 하나님 혼자서 도저히 이방 제국들에 맞설 수 없어 도움을 요청한 것도 아니고 이방의 무신론적 목적에 맞서 하나님의 목적을 수행할 어떤 운동을 조직하려고 부르신 것도 아니다. 하나님에게 이러한 일들은 너무나 사소한 것들이다. 하나님은 당신 뜻대로 이방 민족을 일으키시거나 무너뜨리신다. 정확히 말해 이스라엘의 역할은 하나님의 목적을 이방 민족에게 증거하는 증인이 되는 것이다. 이러한 방법 외에는 하나님의 목적을 도저히 이해 못 할 그들에게 말이다. 이스라엘은 다른 민족이 알지 못할 하나님이 하시는 일을 알고 있었고 또한 알아야 할 의무가 있었다. 하나님께서 자신의 본성과 뜻에 대한 계시를 이스라엘에게 주셔서 그들 스스로 하나님이 진행하시는 하나님의 일의 의미를 이해하도록 하신다.

신약성경도 같은 가르침을 이어 나가는데, 하나님은 기독교인들을 이교도의 힘에 대항하는 단체로 부르신 게 아니다. 그들은 역사의 주관자이시며, 그 품성과 의지가 마침내 드러나게 되실 것이며, 또한 그리스도 안에서 모든 인류의 마지막 쟁점을 촉발하는 일들을 하신 바로 그 하나님을 증거하기 위해 부르심을 받았다. 기독교 인들은 시대의 징조들, 즉 예수의 초림 후에 일어나는 마지막 때의 징조들과 재림을 가리키는 징조들을 분별하도록 부르심을 받았다. 예수가 하신 일에 비추어 기독교인들은 전쟁, 폭동, 핍박과 고난, 거짓 메시아의 나타남과 속이는 능력으로 무장한 적그리스도의 등 장이 그리스도인들의 패배한 신념을 방증하는 것이 아닌, '반드시 거쳐야 하는' 일 중의 하나임을 이해하게 될 것이다. '반드시 거쳐 야 하는'이란 말과 주님이 자신의 고난에 관하여 하신 말씀 사이에 는 유사함이 있다. 주님의 말씀에도 '반드시'라는 어구가 붙는데, 이는 새로운 질서의 탄생에 필요한 부분이다. 그리고 세상이 겪는 고통도 마찬가지이다. 메시아의 오심은 인류 역사의 위기를 촉발 한다. 메시아 안에서 하나님은 각각의 사람들과 인류 전체에게 모 든 것을 창조하신 목적을 받아들이거나 혹은 거부할 수 있는 선택 의 여지를 내놓으신다. 예수님이 이 땅에 처음 오신 후 다시 오실 때까지의 전체 인간 역사는 마지막 쟁점에서 하나를 선택하도록 지속적으로 압박한다. 그리고 교회는 이것을 이해하는 몸이 되어 삶 속에서 일어나는 일들의 진정한 의미를 민족에게 증거하도록 부르심을 받았다. 또한, 순종이나 거부할 선택의 기회를 모든 인류 와 민족에게 구체적으로 제시할 임무도 부여받았다.

선교 과업에 대해 우리가 하는 생각 중에 어떤 부분은 완전히 비성경적으로 세상을 바라봤음을 고백하지 않을 수 없다. 세속 역 사에서 일어나는 일들이 교회 활동에 도움이 되거나 혹은 방해될 때만 우리와 관련이 있는 것처럼 대응하였고, 하나님이 마치 종교적인 질문에만 관심이 있으신 것처럼 보이게 만들었다. 결과적으로 우리는 예술가와 과학자 그리고 인류를 사랑하는 사람들을 복음으로부터 멀리 몰아내고 말았다. 그 이유는 그들이 곳곳에서 발견한 아름다움과 진리 그리고 선함에 대해 우리가 둔감했기 때문이다. 게다가 우리는 그리스도의 유일성을 주장하기 위해 창조물과 인간 정신 안에서 발견되는 하나님의 웅장한 솜씨를 부인하는 듯한 인상을 주었다. 우리는 하나님을 섬기려고 자신을 드린 사람 그리고 정치나 사회봉사 혹은 연구의 영역에서 일하는 사람들을 교회의 전임 사역자에 비해 마치 덜 중요한 역할을 하는 사람인 것처럼 보았다. 선교 활동을 할 때, 선교병원에서 일하는 의사는 '하나님의 일'을 하는 것처럼, 반면 정부병원에서 일하는 의사는 그저 직업적인 의료인으로 보았다.

그러나 교회 밖에서 하나님이 일하심을 부정하는 잘못을 저지르지 않아야 하듯, 동시에 세속 역사에서 일어나는 역동적인 움직임들을 하나님의 일하심과 동일시하는 것 역시 각별하게 주의해야 한다. 자칫 교회가 하는 일이 적절한지를 세상에서 일어나는 일과 관련지어서만 판단하게 되기 때문이다. 하나님께서 세속의 일들 가운데서 일하신다는 사실, 예를 들면 우리 시대의 혁명적인 움직임 가운데 일하신다는 사실에 대한 단순한 동의만으론 충분치 않다. 하나님의 주권적 다스림을 우리가 믿는다면, 그리고 모든 좋은 것이 하나님에게서 온다고 믿는다면, 이러한 움직임들 즉 국가 독립, 과학적 발견, 문예 부흥 운동들, 그리고 비기독교 종교들의 재탄생과 개혁 운동 가운데도 당연히 하나님의 일하심이 있다는 것에 동의해야 한다. 그러나 이 정도에서 만족하는 것은 턱없이 부족하다. 한발 더 나아가 '하나님께서 모든 현상 가운데 일하신다는 뜻에 담긴 더 깊은 의미는 무엇인가'라는 질문을 해야 한다. 만약 그 질문이 없다면 '세속적 일과 사건에 적극적으로 참여하는 행위만으로도, 곧 하나님의 뜻에 동참하는 일이다'라는 뜻으로 오도될 것이다. 세속의 일이 매력적이고 인상적일수록 생각은 이러한 그릇된 방향으로 빠르게 전환된다.

이는 완전한 이교주의로 가는 길이다. 결국은 활력이 넘치는 것 모두를 하나님의 일하심으로 받아들여지는 것을 의미하게 될 것이다. 역사를 보면 이러한 이교주의는 성공의 신격화로 이어진다. 역사 철학을 만들기 위한 고전적 시도가 어떻게 '운'의 개념과 함께 종말을 맞이했는지 찰스 코크레인(Charles Cochrane)이 보여준다.[6] '운'이 선택한 로마가 무너졌을 때 철학에는 아무것도 남지 않았다. 인류 역사는 성공만이 유일무이한 정당성이라 주장하며 일으키는 운동이 언제나 존재한다. 로마를 수호하던 '운'처럼 '역사의 논리' 같은 거창한 문구들로 흔해 빠진 이교주의를 적당히 감쌀 수는 있다. 그러나 기독교인은 현재 성공적인 정치적 방향—제국주의, 반식민주의, 혹은 어느 것이라도—과 하나님의 목적을 절대 동일시해서는 안 된다. 교회는 '시류를 따라서'가 아닌, '시류를 거슬러' 일함이 정상이란 걸 이제는 알아차려야 한다.

그렇다면, '시류'란 무엇인가? 이것 역시 하나님의 다스림 아래 있으며, 그리스도 안에서 완성되는 '모두'에 속하는 것 아닌가? 또한 '그리스도를 통한', '모든' 창조물의 일부가 아닌가? 신학자들은 '복음'을 인류 역사 속 하나님의 '개입'으로 종종 말한다. 그러나 이 개입 말고는 하나님이 인류의 역사 안에 존재하지 않으시는가? 교회 밖의 세상은 우주 안에 있는 무신론적 영역인가? 하나님은 그리스도를 구세주로 고백하는 몸 즉 교회 영역 밖의 세상 일에는 관여하지 않으시는가? 물론 성경은 하나님의 일하심에 어떤 의구심도 들지 않도록 기록되었다. 그러나, 우리는 세상에서 일하시는 하나님의 실체를 부정하지 않으면서, 누구라도 선택해야만 하도록 준비하신 도전이 날카로움을 잃지 않는 가운데 그리스도의 유일성, 충분성 그리고 최종성을 확언할 수 있는 말들을 찾아내야 한다.

  다른 신앙을 가지고 있거나 아니면 신앙이 없는 사람들이 복음을 받아들이도록 생명의 대화를 새롭게 시작하는 아시아 교회의 사람들 앞에, 바로 이 지점에서 실제적인 어려움이 생긴다고 나는 믿는다. 반면, 상대적으로 오래된 서구 교회의 심각한 위험은 혼합주의일지도 모른다. 같은 하나님을 따르는 종교인의 보편적인 목록에는 로마 가톨릭교도, 개신교도, 유대교도가 들어간다. 하지만, 상황에 따라 힌두교도, 무슬림 그리고 불교도를 포함하여 확장하는 것이 당연하다는 이들도 상당수이다. 그러나 이러한 혼합주의가 아시아 교회의 실제적 위험이라고 할 수는 없다. 오히려 아시아 교회 지도자들이 자주 지적하듯, 아시아에서의 위험은 활력 잃은 소수집단 신분으로 물러나거나 다수 공동체 안에서 종교 문화적으로 고립되는 게토화 현상에 매립되는 것이다. 따라서 이 고립을 깨고 나갈 방법을 찾는 것이 가장 우선이다. 더불어, 현대세계의 문제를 직면하여 고민하고 현대세계의 요구를 해결할 수 있는 자원들을 찾고 있는 다른 신앙인들과 진정한 대화의 물꼬를 트는 노력도 병행해야 한다.

이러한 상황에서, 유명한 주제인 인류의 종교들과 복음의 연속성 혹은 불연속성에 대한 논쟁을 새롭게 시작하는 것은 아시아 교회들에 도움이 되지 않는다. 반대로, 복음의 유일성과 타자성에 대한 크래머(Hendrik Kraemer)의 유명하고도 단호한 선포로 다시 돌아갈 마음도 없다. 타 종교인들과의 생명력 있는 대화를 위해 지금 당장 제시되어야 할 핵심은 이것이다. 첫째, 예수 그리스도 안에 있는 하나님의 유일한 구원의 계시가 어떻게 자신들에게 일어나는 일을 이해하도록 하는지. 둘째, 그들이 속한 삶에서 하나님의 부르심에 대해 어떻게 응답할지. 두 개의 핵심을 이해시키기 위한 준비가 있어야 한다. 따라서, 불연속성에 관한 주장은 사실임에도 불구하고 이 순간에 필요한 논의거리는 아니다. —물론 특정한 상황에서는 필요하다— 지금 필요한 것은, 하나님이 그리스도 안에서 유일하고도 궁극적으로 행하신 일과 인류 안에서 진행하시는 일과의 관계를 이해하는 것, 그리고 세상의 삶 속에서 하나님이 하시는 일과 부르심에 합당한 언행을 통해 복음이 소통되도록 그리스도인들을 이해시키는 것이다.

짧은 글로 이 모든 문제들을 다루기엔 한계가 있다. 이것은 한 사람의 능력을 벗어나는 과중한 임무다. 따라서 다양한 영역에 종사하는 기독교인들의 협력을 부탁한다. 이 책에서는 특별히 선교에 책임 있는 이들에게 해당하는 문제들만 집중하려 한다. 그것은 세상에서 일어나는 일과 교회의 선교적 활동 안에서 하나님이 하시는 일, 그 둘의 관계에 대한 것이다. 물론 다른 것을 선택할 수도 있겠지만 나는 구체적 예와 함께 다음과 같은 세 가지 문제에 집중하려 한다.

(a) 선교적 노력의 결과로 더욱 많은 사람이 그리스도께 인도되고 민족들의 삶이 더더욱 복음의 능력 가운데 인도되리라는 믿음이 실현 가능해 보이던 때가 있었다. 만약 기독교 제국의 모든 힘이 그 과업을 위해 제대로 동원된다면 큰 진전을 이루리란 희망과 함께 말이다. 1910년에 열린 위대한 선교대회에서 언급된 수많은 의견의 밑바탕에는 이런 기대가 깔린 듯하다. 그 시대의 상황에서 이러한 희망은 타당한 것이었다. 아시아와 아프리카에서 기독교의 광범위한 확장이 일어났던 '위대한 세기'의 경험은 이 같은 희망의 확실한 근거로 제시될 수 있었다. 그러나 최근에 일어난 사건들은 그와 같은 근거를 흔들어 놓은 듯 보인다. 근대선교에서 가장 큰 노력을 집중한 중국의 문이 갑자기 닫혀버린 것이다. 서구의 지배를 받은 아시아의 경험을 연구한 인도 역사학자 파니카르(K. M. Panikkar)는 "기독교 선교의 실패"라는 제목의 장으로 그의 연구를

마무리한다. 이전 '기독교' 영토의 많은 부분이 이제는 모든 수단을 동원하여 교회를 파괴하려는 공산주의 정부에 의해 견고히 지배되고 있다. 기독교의 확장이 지속되는 지역조차도 그곳의 인구 성장률에 미치지 못한다. 인류 전체에 비례하여 기독교인은 점점 숫자가 줄어드는 소수집단으로 전락 중이다. 기독교가 인류의 미래를 책임질 실마리처럼 **보이지** 않는다.

(b) 소수가 되어가는 것은 기독교인의 숫자만이 아니다. 기독교가 권위를 지닌 삶의 영역 또한 줄어들고 있는 듯하다. 많은 삶의 영역이 종교와는 아무런 상관이 없는 사상의 체계나 조직으로 넘어간 듯하다. 현대적인 대규모 공장에서 일하는 열성적 기독교인조차 예수 그리스도를 어느 영역과 연관시켜 이야기할지 그 지점을 포착하기 어려워한다. 과거에는 교구 사제에게 주저 없이 들고 갔던 가정 문제도 이제는 지역 기관이 제공하는 상담사를 찾아갈 가능성이 높다. 교회가 공동체의 중심인 마을에서 살던 아프리카인은, 다이아몬드나 구리 광산의 갱도 및 분탄 무더기가 가득한 '곳'으로 이주한 이후 문제들의 소용돌이 가운데 던져진 자신을 발견하고 좌절한다. 이유는 교회가 가르친 것들이, 경제 논리가 집중된 곳에서는 아무런 길잡이가 되지 못함을 깨닫기 때문이다. 공산주의 '해방'의 물결에 갑작스레 휩쓸린 중국 학생들은 세상 속 진정한 힘의 실체에 대해 자신들을 속여 왔다는 이유로 자신들을 가르치던 선교사를 격렬히 비판한다. 기독교인들이 상대적으로 축소된 소수집단일 뿐만 아니라 기독교의 권위가 빛을 발하는 인간 경

험의 영역마저도 축소되고 있다.

(c) 게다가 선교 사역을 잘 이해하는 이들은 그들이 맺은 열매의 양면성에 대해 가장 잘 인식하고 있다. 인명과 자원의 엄청난 소비를 통하여 세계 대부분 지역에 교회가 개척되었으나, 꽤 많은 지역에서는 작은 변방 공동체로 명맥만을 유지하는 중이다. 엄청난 수의 아시아인들이 복음의 호소에 전혀 영향을 받지 않는 것만 보아도 알 수 있다. 교회는 표면적으로 구도시 한 구석에 자리잡고 위태롭게 연명하는 서구 문화의 식민지처럼 보이고 토착신앙에 어떤 위협도 되지 못해 그저 묵인되고 있다. 게다가, 그 교회들은 서구에서 보내오는 지속적인 도움에 영적, 재정적으로 엄청나게 의지한다. 그들은 서구 유럽의 분열된 역사 문화적 계열에 따라 나누어지며, 일치를 향한 몇몇 운동들에도 불구하고 자신들이 속한 국가의 문화 안에서 강하게 연합된 그리고 연합시키는 몸이 될 가능성을 보여주지 못한다. 그들은 자발적 성장을 위한 힘을 키우기보다는, 현상 유지를 위한 외부 자원의 지속적 유입에 오히려 의존한다. 믿음의 눈으로 볼 때, 그들은 아시아와 아프리카 사람들의 첫 열매로 보일 수도 있다. 그러나 비신앙인의 눈에는 다른 시각으로 받아들여질 가능성이 높은데, 뛰어난 첫 번째 선교 시대의 끝자락에 등장한 이슬람 세력 안에서도 살아남은 동방 기독교인들의 작은 공동체와 대조되는 서구 지배 시대의 무능력한 잔재로 간주되기 쉬울 것이다.

나는 이 문제들이 교회의 선교 사역 관심자들에게 있는 당혹감의 근거에 대해 묘사하는 것 그 이상이라고 말하고 싶지는 않다.
그러나 이 문제들은 실제적이며 중요하다. 과연, 이 문제들에 대한
바른 응답은 무엇일까?

4장

삼위일체 교리의 관련성

다음에 이어지는 장들의 목적은 하나님을 성부, 성자, 성령으로 여기는 기독교의 이해 안에서 앞 장에서 언급한 곤혹스러움을 다룰 방안 제시와 선교 운동이 삼위일체 하나님의 강력한 이름을 새롭게 하는 데 헌신하도록 초대하는 것이다. 앞서, 현재 선교 운동의 상황은 그리스도의 유일성과 최종성에 대하여 더욱 예리하게 물어야 하는 상황에 처했음을 언급했다. 우리는 이제 이 질문만이 아닌 하나님이 교회의 선교 안에서 하시는 일과 세속 역사 가운데 진행하시는 일, 그 둘 간의 관계에 대한 답 역시 온전하고 명시적인 삼위일체 하나님의 교리란 틀 안에서만 바른 답변이 가능함을 논의해야 한다.

언뜻 보면 이 주장은 모든 그리스도인에게 전혀 새로워 보이지 않을 수 있다. 그러나 친밀한 것일수록 바로 그 친밀함으로 인하여 무시되는 경우가 있다. 진정한 선교 교리는 성령 사역에 큰 자리를 내주어야 한다고 여러 번 지적되어 왔다. 또한 진정한 선교 교리라면 성부에 대해 더 많이 다뤄야 함도 사실이다. 교회의 선교와 하나됨에 대한 최근의 교회 일치운동의 생각들이 바로 앞에 언급한 두 가지 점에 대해 많은 주의를 기울이지 못했다는 의견도 제기될 수 있다. 선교는 교회 중심적이어야 한다는 견해가 배타적이리만치 그리스도의 인격과 사역에만 기초를 둔 탓에 어쩌면 삼위일체 하나님의 교리 전체를 올바로 다루지 않았을 수 있다. '교회와 세상을 향한 그리스도의 주되심'과 같은 문구들 그리고 '그리스도의 몸을 세우는 것'과 같은 이미지들이, 교회의 선교적 본성이 무엇인가를 다루는 교회 일치운동의 생각 안에서 중심을 차지하다시피 했다. 우리는 앞서 이러한 선교적 사고가 주도하던 시기가 얼마나 중요했으며, 얼마나 많은 열매를 맺었는지 이야기했다. 그러나 이러한 생각에 어느 정도의 수정이 필요해 보인다.

공식적으로 발전된 여러 다른 교리를 찾는 것에 비해 공식적으로 발전된 삼위일체 교리를 신약성경에서 찾는 일이 더 어렵다. 그러나 신중한 독자라면 사도 바울의 언어가 삼위일체적 이해의 바탕 위에 사용되었음을 알아차릴 것이다. 또한, 성령 사역에 대해 많이 언급하며 그 모두가 결국 성부에게 다다른다는 것을 발견하게 될 것이다. 교회는 예수 그리스도를 통한 구원의 소식을 이방 세계에 전하기 시작한 지 얼마 되지 않아, 하나님의 완전한 삼위일체 교리를 교회의 가르침 안에 명확히 담아 표현해야 함을 알게 되었다. 삼위일체 하나님의 본성, 특히 성부와 성자 상호관계에 대한 심각한 교리적 논쟁이 교회와 이방 세계 간 논쟁의 한가운데서 발전되었다는 것은 정말로 중요한 사실이다. 이러한 삼위일체를 다룬 논쟁은 힘과 자신감을 자랑하는 이방적 세계관을 정복하기 위한 싸움의 매우 핵심적인 부분이었다. 인간의 삶을 주로 '능력'과 '운'의 상호관계로 해석했던 세상에서 교회는 하나님 나라에 대한 기독교적 메시지를 정확히 전달해야 했다. 오늘날의 용어로 설명하자면 인간의 삶은 사람의 지적 능력, 역량, 용기가 자신이 처한 환경 요소들과 상호작용하는 것으로 해석됐다는 것이다. 이러한 분위기 속에서도 교회는 삼위일체 교리에 관한 기독교의 메시지를 분명히 설명해야 했다는 점이 중요하다. 더불어 복음의 중심적 메시지를 타협하지 않음은 물론이다. 또한, 그리스-로마 문화의 관점에서 복음을 지적으로 전달하려고 몸부림치던 시기에, 삼위일체 교리가 전체 신학 논쟁의 중심에 있었다는 것 역시 중요하다. 다시 말해, 인간을 둘러싼 다양한 권세들 가운데 하나님이 하시는 사역과 인간의 영혼을 새롭게 하시는 하나님 사역의 통일성 및 구별성을 그리스도인들이 선포할 수 있던 것은 이 교리에 기초를 두었기 때문이다. 삼위일체 교리의 형성, 특히 성자 성부 관계에 관한 질문이 중심되어 일어난 치열한 교리적 논쟁은, 이 문제가 그 시절 이방 세계에 전한 전반적인 기독교 메시지의 중심에 있었다는 증거이다.

이와는 대조적으로, '기독교 제국' 시대의 기독교인들은 삼위일체 교리에 대해 그다지 관심을 기울이지 않았다. 경건한 기독교인들 사이에서 이 교리를 거부하는 바람이 불었던 건 아니다. 단순히 예로부터 흘러온 낡고 정형화된 표현으로 여겼을 수 있다. 혹은 믿지 않는 사람들에게 전도하며 변증이 필요한 상황에 닥쳤을 때 눈에 보이지 않게 숨기고 싶은 신학의 골치 아픈 한 꾸러미라고 여겼기 때문일 것이다. 또한 크나큰 신학적 논쟁이 있던 종교개혁 기간에도 삼위일체 교리는 전혀 논쟁의 대상이 아니었다는 점도 중요하다.

그러나 '기독교 제국'이 아닌 곳에서 비기독교인에게 복음을 전할 때, 삼위일체 교리는 숨길 게 아닌 설교의 시작을 위해서 꼭 필요한 부분임을 곧바로 발견하였다는 것 또한 중요하다. 선교사의 가장 간단한 설교에서조차 이 교리를 다루는 것은 피할 수 없다. 선교사가 예수의 이름을 들어보지 못한 복음을 처음 접하는 인도의 한 마을로 들어간다면, 그는 어떻게 예수의 이름을 전할 수 있겠는가? 타 종교인에게 예수가 누구인지 어떻게 설명할 것인가? 아마도 듣는 이들의 어휘 목록에는 이미 '신'을 뜻하는 단어도 포함되어 있을 것이다. 그렇다면 예수의 이름을 어떻게 그들 마음속에 심긴 그 단어와 연관 지을 수 있을까? 나는 많은 신들에 익숙한 이들이 예수의 이름을 그저 또 다른 신의 이름 중 하나로 여기며 그들이 이미 알고 있는 다른 신들보다 좀 더 강력하고 좀 더 이익이 되는 이름으로 인식하게끔 선포되는 복음을 이따금 들어왔다. 이것은 분명, 신약성경이 말하는 기독교 신앙이 아니다. 내가 이 같은 마을 사람들과의 대화에서 발견한 공통된 사실이 있다. 그들은 모든 신들 위에 존재하는 창조자이자 심판자인 하나의 신이 이미 있다는 것을 희미하게나마 인식한다는 것이다. 만약 이러한 인식이 존재한다면 예수의 이름을 그 인식과 어떻게 연관 지을 것인가? '예수'가 바로 그 신의 이름이라고 말할 것인가? 분명히 이것 역시 신약성경이 말하는 신앙이 아니다. 예수를 성자로 칭하지 않고는 예수에 대해 아주 간단히라도 설교할 수 없음이 명백한 사실이다. 하나님에 대한 예수의 계시는 하나님 아버지에게서 독생하신 자의 계시이다. 따라서 성부와 성자를 언급하지 않고는 예수를 설교할 수 없다.

더 나아가서 전도자가 지혜로운 사람이라면 말하는 것보다 듣는 것을 먼저 할 것이다. 만약 그리한다면 전도자는 아마도 자신과 이야기 나눈 이들이 겪은 증거들, 즉 그들이 복음을 받아들이도록 예비되었던 길과 인간의 계획으로 이뤘다고 말할 수 없는 일들에 대하여 듣게 될 것이다. 기독교인이 된 후 그들은 이 과정을 되돌아보며, 전도자의 설교를 통하여 그들에게 말씀하신 성령, 전도자라는 사람의 말을 하나님의 말씀으로 받아들이도록 도우신 성령, 이 동일한 성령이 앞서서 일하셨음을 깨닫게 될 것이다. 진정한 전도자는 새로운 기독교인들의 신앙이 자신이 전한 말로 만들어진 결과가 아님을 안다. 자신이 전하는 말은 그곳에 도착하기 전에 이미 시작되었고 자신이 떠나더라도 지속될 것이며 새로운 기독교인들의 신앙이 열매 맺게 하는 성령 사역의 도구에 지나지 않음을 안다.

그러므로 가장 기초적인 형태의 복음 설교도 하나님의 삼위일체적 본성에 대한 이해를 전제해야만 한다. 삼위일체에 대한 이해는 우리가 때때로 말하는, 모든 탑을 다 쌓은 후 마지막으로 살짝 얹는 지적인 장식 돌이 아니다. 다시 말해, 어떤 장식처럼 취급할 수 있는 것이 아니라 복음 증거의 가장 기초라는 의미이다. 따라서 아타나시우스가 삼위일체 본성을 아르케(arche)[7]라고 불렀던 것과 같이, 그것 없이는 이방 세계에 복음 설교가 시작될 수 없는 전제 조건임을 기억해야 한다.

위의 설명이 명시적인 삼위일체 신학이 설교자의 설교나 새로운 개종자가 이해할 핵심이 되어야 한다고 제안하는 것은 아니다. 우리는 이미 신약성경 안에서조차도 이러한 명시적 신학이 발견되지 않는다고 말했다. 오히려 하나님이 이 시대 우리에게 제기하시는 질문에 대한 진정한 이해 그리고 선교 과업의 의미에 대해 진정하게 다시 진술하는 것은 신약성경의 토대인 성부, 성자, 성령으로 계시된 하나님에게 기초함을 말하고자 하는 것이다. 다음에 이어지는 장들은 삼위일체 신앙의 빛 안에서 이미 언급된 세 가지 질문을 살피며, 이 주장을 정당화함이 목적이다. 삼위일체가 우리 시대의 다원주의적, 다신주의적, 이교도적인 사회의 관점에서 선교적 과업의 의미를 새롭고 명확하게 표현할 시작점임을 인정하는 것이 현시점에서는 적어도 타당한 제안이라 여겨질 것이다.

5장

선교와 인류 역사의 모습

이제 우리는 선교 사역의 당혹스러움을 야기시키는 실례로 제시된 세 가지 문제로 돌아가고자 한다. 첫째는 선교 사역과 역사의 발자취에서 일어나리라 기대하는 일들과의 관계이다. 우리는 이 문제가 시급히 풀어야 할 것임을 알게 되었고, 두 가지 중요한 방향으로 응답되었음을 최근에 보게 되었다. 한편으로 선교는 인간사회의 자연적인 발전을 촉진하고 완성하며, '세계의 기독교화'는 인간의 일반적인 진보와 기본적으로 같은 방향을 가진 것으로 이해되었다. 다른 한편으로, 이 같은 이해에 맞선 신랄한 반작용도 존재하는데, 복음은 모든 자연 발생적인 인간의 종교 문화와는 차별된다는 것이다. 따라서 교회의 선교는 자연스럽게 진행되는 인간의 진보를 단순히 강화하거나 연장하는 것이 아니란 주장이다. 이렇듯 필요하고도 타당한 생각이 위험한 주장으로 흐른 것도 목격했다. 선교가 오직 교회의 발전만을 신경 쓰는 것이라거나 혹은, 세상 역사 안의 일들이 하나님의 구원 계획을 이룰 단순한 배경이라는 주장이다. 우리는 이제 다음과 같은 질문을 긴급하게 물어야 할 상황에 다다랐다. 하나님이 그리스도 안에서 단번에 하신 일 그리고 교회의 증거를 통해서 지속하시는 일과 세상 역사 안에서 일어나는 사건 전체와는 어떤 관계가 있는가? 삼위일체의 관점으로 출발하는 것이 이런 결정적인 문제들을 대하는 데 도움이 되는가?

복음서와 신약성경 전체는 예수를 성부의 아들 즉 '사랑하는 아들' 그리고 '성부에게서 독생하신 자'로 묘사한다. 성부와 분리한 채 예수를 이야기하거나 생각하는 것은 불가능하다. 예수는 성부를 향한 성자의 사랑과 순종을 보여줌으로써 하나님을 드러내신다. 이것을 중심에 놓지 않는 복음은 그 어떤 설명이라 해도 받아들여질 수 없다.

하나님이 모든 것을 아버지로서 다스리신다는 사실이 예수의 가르침의 중심에 있다. 하나님은 모든 것을 유지하시며 모든 것을 돌보시며 모든 것을 다스리신다. 가장 종말론적인 본문에서조차 '아직 끝이 아니다'라는 소리가 지속해서 들린다. 자비로우신 하나님은 여전히 회개할 기회를 주시며, 세상이 존재하도록 변함없이 유지하신다. 이것은 성경의 가르침과 일치하는데, 모든 것을 창조하신 하나님은 자기 뜻에 따라 지속시키시며 이끌어 가신다. 이방의 강력한 정치적 권력조차도 그것이 징벌(앗시리아)이건 혹은 도움

(고레스 왕)이건 하나님의 손 안에서 자애로운 목적에 사용된다. 제국주의나 반제국주의도 그저 악마의 작품이 아니다. 하나님은 모든 것을 다스리시고 사용하신다.

성자로서, 예수는 성부를 사랑하시며 그에게 순종하신다. 그는 일어나는 일에 깃든 성부의 명령에 자신을 완전히 바치신다. 예수는 세상의 역사를 자신이 지배하려 하지 않으신다. 그는 자신이 사건들의 지배자나 감독자가 되려는 모든 유혹을 거부하신다. 사람들 사이에 모든 것을 다스리시는 신의 모습으로 나타나지 않으신다. 그는 모든 것을 다스리시는 이의 뜻에 자신을 기꺼이 바치는 성자로 나타나신다. 또한 세상의 사건을 통제할 만한 힘을 지닌 어떤 운동을 시작하려 하지 않으신다. 따라서 제자들이 그러한 힘을 갖고자 했을 때 엄히 나무라신다. 그는 제자들에게 권력과 영향력 갖기를 기대하지 말라고 경고하신다. 시종일관 그는 성부가 일어나는 일들의 주인이시며 그 틀 안에서 자신과 자신을 따르는 이들이 이뤄야 할 사명이 있음을 받아들이신다.

그럼에도 성자의 오심은 인류—모든 사람과 모든 역사—를 위한 결정적인 사건이다. 예수 안에서 하나님의 나라가 도래했지만, 또한 숨겨져 있다. 따라서 그의 오심은 세상을 향한 구원과 심판을 동시에 의미한다. 왜냐하면 그를 받아들이거나 거부하는 것으로 인간이 심판받기 때문이다. 그의 오심은 또 다르게 시작된 종교 운동이 아니다. 그는 단순히 자기 제자들을 교리나 프로그램의 전파를 위해 보내신 것이 아니다. 그는 모든 역사의 결정적인 사건이 도래했고 임박했음을 사람들에게 증거하기 위해 그들을 보내신다. 그러나 이 사건은 그가 통제하시는 것이 아니다. 오직 성부만이 통제하실 수 있다. 그럼에도 성자를 이 땅에 보내심은 성부가 이를 통해 모든 것을 결정의 순간으로 즉 심판과 구원의 쟁점으로 이끌기 위해 선택하신 사건이다. 그리고 이 사건은 십자가에 달리시기 전 보냄 받은 제자들과 부활 후에 보냄받은 사도들의 선교를 통해 확장된다. 이 사건들 안에서 성부는 마치 주인이 정산하기 위해 자신의 하인을 부르거나 농부가 추수하기 위해 밭에 나가는 것처럼 인간의 역사를 마지막 결정의 순간으로 인도하신다.

그러므로 성자와 그가 형제 삼은 이들은 성부의 통치하심을 대신할 대리인이 아닌, 통치의 증인으로 세상에 보내어진다. 성자의 오심과 그의 형제들이 성자의 이름으로 세상에 파송됨을 통해 성부는 인간 역사를 최종적 쟁점들로 이끄신다. 그러나 이 일은 성령 하나님의 임재를 통하지 않고서는 불가능하다. 예수가 "너는 내 사랑하는 아들이다"라는 목소리를 들었을 때 바로 성령이 비둘기처럼 임하셨다. 그가 가버나움 회당에서 주님의 '은혜의 해'를 선포한 것은 성령의 기름 부음을 받은 후에 일어난 일이다. 그리고 마지막 때에 정죄의 이유가 되는 것은 성자에 대한 신성모독이 아닌 성자 안에서 말하며 일하시는 성령에 대한 신성모독 때문이다. 마찬가지로 제자들에게 증거하는 이도 성령이시다. 성령의 임재를 통해 제자들은 아들의 자격을 얻고 성자의 사역을 세상에서 지속할 힘을 얻는다. 제자들이 받는 상속의 증표이며, 성부가 이끄시는 역사의 영광스러운 끝의 증거와 보증 역시 성령이시다. 따라서 성부가 하시는 일의 증인도 제자들이 아닌 성령 자신이시며, 고난받는 제자들이 재판받을 때도 말하는 이는 성령이시다. 또한 예수를 싫어하고 거부하는 세상에 대해 죄와 의와 심판을 선언하는 이 또한 바로 성령이시다. 엄밀히 말하면 그가 바로 선교사이시다.

그러므로 기독교 선교는 세상 역사의 실마리이다. 그 실마리란 인간 역사 속 다른 세력과의 전투에서 '승리하는 편'에 서게 한다는 의미가 아니다. 역사의 의미가 이해되는 **지점이며** 동시에 그 의미에 대해 사람이 마지막 결정을 내려야 할 지점이라는 뜻의 실마리이다. 비유하자면 역사가 앞으로 나아갈 동력을 일으키는 모터가 아닌, 인류를 둘로 나눌 날카로운 날을 지닌 칼이라 할 수 있다. 그리스도인들은 주인의 위치로 역사의 전투를 치르는 것이 아니다. 오롯이 역사의 유일한 주관자이신 성부를 바라보고, 순종의 자리에서 세상의 사건에 대한 성부의 결정을 받아들이며 자신의 인도자인 성령에 의존하는 종으로서 전투를 치른다. 그리스도인들은 세상 역사 속의 증인으로 살아가며, 진정한 의미를 증언하기 위해 그들 안에는 성령이 내주하신다. 그리하므로 **발생한 모든 일들에 대하여** 사람들이 하나님 편에 서거나 혹은 대항하는 결정을 내리도록 하는 것이다.

신약성경에는 교회의 선교와 세상 역사 속 사건들과의 관계를 가장 지속적이면서 분명하게 진술하는 부분이 있다. 바로 공관복음(마태, 마가, 누가)의 묵시적 부분들과 요한복음 마지막 부분의 대화에서 발견된다. 또한, 공관복음과 요한복음의 대화를 보면 반복되는 내용들이 있는데, 교회를 향한 세상의 증오, 그리스도를 부인하는 세상과 그 안에 비일비재한 교회의 고난, 세상의 비난에 대답하는 임재하신 성령, 그리스도의 승리 등이다. 다가올 일을 질문한 제자들에게 주신 마가복음 13장에 나오는 주님의 답변을 좀 더 깊이 있게 본다면 큰 도움이 될 것이다.

이 대화는 성전에 관한 질문이 배경이다. 제자들은 성전의 웅장함에 놀라지만, 주님은 성전의 완전한 파괴를 예언하신다. 하나님 나라의 도래를 충성스레 기대하던 이스라엘 사람들에게 이보다 더 처참한 예언은 없었을 것이다. 이사야에 따르면 시온산은 온 나라들이 하나님을 정의와 평화의 근원으로 인정하기 위해 모이는 장소였다.

제자들은 당연히 놀라며 당황했고, 다가올 일들에 대한 해석을 구했다. 제자들이 받은 답은 현재 진행 중인 우리의 토론과 결부하여 다음과 같은 최소한의 요소를 지닌다.

(a) "많은 사람이 내 이름으로 와서 이르되 내가 그라 하여 많은 사람을 미혹하리라"(막 13:6). 즉 진정한 메시아만이 줄 수 있는 것을 자신이 줄 수 있다며 거짓 주장하는 거짓 그리스도들이 있을 것이라는 이야기다. 이것은 일반적인 사악한 권세들이 있을 거란 경고보다 훨씬 더 구체적이다. 이 경고는 오직 그리스도가 유명해지거나 올 것이라고 기대되는 상황에서만 발생할 만한 특정한 형태의 가증한 악에 대한 것이다. 이 경고는 거짓 그리스도 즉, 궁극적으

로 적그리스도를 향한 것이다.

이와 같은 경고의 필요성은 그리스도 안에 있는 하나님 계시의 본성으로부터 생겨난다. 세상에 그리스도가 오심은 인간에게 마지막 운명을 직면토록 한다. 그리스도가 오심으로써 인간에겐 두 가지 가능성 즉, 완전한 구원 혹은 완전한 상실의 가능성만이 열린다. 그의 임재 앞에서 중립이란 불가능하다. 인간은 그리스도를 주로 인정하든지 아니면 사기꾼으로 비난하든지 둘 중 하나의 선택만을 할 수 있다. 부드러운 듯하나 가차없이 내몰린 채 해야 하는 결정이다. 이것은 요한복음에서 빛과 어둠의 상징으로 표현된다. 그는 세상의 빛, 진정한 빛, 인간이 지닌 유일한 빛이다. 그가 오심으로 인간은 완전한 빛을 받아들이든지 아니면 어둠 속에서 걷든지 선택하지 않을 수 없게 되었다. 따라서 그의 오심은 심판, 분리, 양극화를 의미한다. 이 선택은 요한복음 마지막에 자신을 결국 그리스도와 그의 사람들에게서 분리한 채 굳이 어둠으로 들어간 유다의 이야기를 통해 생생히 볼 수 있다.

요한복음 14-16장의 대화와 함께 현재 고찰 중인 묵시적인 본문 모두 이러한 양극화의 과정을 예언적으로 역사 속에 투영한다. 이 일은 예수의 지상 사역이 끝남과 함께 멈추지 않고, 교회의 증거를 통해 시간이 지남에 따라 확장된다. 바로 이러한 맥락에서 예수를 통하여 하나님이 인류에게 제시하신 구원이 아닌, 다른 구원을 꺼내든 거짓 그리스도를 향한 경고를 이해해야 한다. 거짓 그리스도의 제안은 예수 안에 있는 하나님의 구원이란 선물이 이미 주어진 상황에서만 가능하다.

진짜가 있기에 가짜가 존재하는 것을 기억할 때, 복음이 세계 구석까지 전해진 지금의 상황에서 (비록 다소 희석된 상태로 전해졌다 할지라도) 온갖 메시아 운동들이 일어나는 것은 신약성경이 우리에게 알려주는 바이다. 인류의 대다수는 신약성경에 묘사된 총체적 구원의 가능성을 향한 믿음 없이 지금껏 살아왔다고 해도 무방하다. 세상 문제에 개입하지 않으므로 얻는 개인 구원의 가능성에 대한 믿음은 분명히 존재해왔지만, 인류 전체의 구원 가능성을 인류에게 일어나고 있는 일들이 이르게 될 목적지로 보는 믿음은 없었다. 따라서 총체적 구원 가능성은 새롭고 혁명적인 믿음이다. 이것의 영향은 인류 대다수가 살아 온 되풀이 되는 시간의 오래된 개념을 무너뜨리며, 미래의 새로운 질서를 향한 전진에 기초한 직선적 사고를 하도록 한다.

모든 사람은 인간의 삶이 이전과 크게 달라질 게 없을 거라며 별다른 기대 없이 수천 년을 살아왔다. 하지만 우리 시대의 획기적인 특징은 이제 새로운 존재로 질서가 완전히 바뀔 가능성이 있다는 사실에 설득되었다는 점이다. 새로운 질서에 대한 비전은 다양하나 희망의 모습은 어디서나 눈에 띄게 동일하다. 이 모습은 고대 비기독교적 사상 체계들에서 나온 것이 아니라 그 체계들이 문화와 접촉해서 생긴 것인데 그 문화란 역사의 의미를 성경적으로 이해한 문화이다. 사실상 서구 문화에 추진력을 주고, 그 추진력을 통해 중국이나 인도 문명처럼 오랫동안 안정된 인간 체계를 붕괴

시킨 것이 바로 그 새 질서에 대한 희망이다. 크리스토퍼 도슨 (Christopher Dawson)이 지적했듯이, 이전 식민지가 식민세력의 정치적 멍에를 벗어던지는 데 성공적으로 이바지한 운동의 사상적 근거는 사실 서구에 의존했다는 것은 놀라운 사실이다. 인도의 힌두 마하 사바(Hindu Maha Sabha)와 이집트의 무슬림 형제단(Muslim Brotherhood) 처럼 자신들의 사상적 토대를 고대의 비기독교적 신앙에서 찾던 운동들은 반 식민운동의 정치적 지도력을 차지하지 못했다. 우리 시대의 혁명 운동들은 정치적 노선이 대부분 반서구적이긴 해도, 아시아나 아프리카 고대 종교의 산물이라 칭할 순 없다. 그 혁명적 인 운동들은 하나님 나라에 대한 성경적 희망이 다양한 형태로 세 속화된 것에 힘을 얻은 것이다. 본질적으로 그것은 메시아적 운동 들이며, 비성경적 종교들의 범주 안에서는 이해될 수 없다.

그 운동들은 잠재적인 선과 악을 동시에 전한다. 또한 지금까지 호전적인 반기독교 형태를 취했으나 수백만을 불의와 얽매임에서 해방시키는 수단으로, 지적이며 영적인 새로운 삶의 전달자로 그 리고, 신선한 진리와 관심사를 일깨우는 역할을 했다. 그 운동들이 가지고 오는 선물은 하나님이 주시는 선물이다. 그러나 그 운동들 이 인간에게 완전한 행복을 준다고 주장하며 자신들에게 완전히 충성할 것을 요구하는 한, 스스로 인간을 해방시킨다고 믿었던 것 보다 더 무시무시한 악의 전달자가 될 수 있다. 우리가 묵상하고 있는 마가복음 13장을 제대로 이해한다면, 우리는 이러한 일들이 생기는 것을 당연히 여겨야 한다. 진정한 메시아의 오심은 가짜들의 출현을 끌어낸다. 역사의 진정한 완성, 알파요 오메가인 메시아의 오심은 결단을 재촉하고, 시간을 순환적으로 이해하여 어떤 결정도 최종적이지 않다는 생각에서 인간이 벗어나도록 강력히 요구한다. 하나님의 구원을 제안하는 것이 오히려 하나님의 구원이 아닌 인간의 완전한 행복을 말하는 다른 구원의 제안들을 촉발한다. 이것은 육신이 된 말씀이 오셔서 시작된 인간 세상사의 양극화된 한 부분이다. 성육신은 하나님의 목적이 실패했다는 의미가 아니다. 오히려 '있어야' 할 일들 중 하나이다. 또한 인간의 구원을 위하여 하나님이 기꺼이 치르시려는 대가의 일부이다.

여기서 주의할 점이 하나 있다. 이 장의 이야기와 관련하여 이해되는 혁명적 운동 가운데 어떤 것이 적그리스도로 취급되어야 한다란 의미는 아니다. 시대의 징조를 분별하고 그리스도 안에서 하나님 사역에 비추어 인간 역사에 일어나는 사건들을 해석하라 요구하는 이 담화는, 동시에 특정 사건을 궁극적 사건과 동일시할 오류에 대한 경고도 담고 있다.

> 그날과 그때는 아무도 모르나니 하늘에 있는 천사들도, 아들도 모르고 아버지만 아시느니라(막 13:32).[8]

하나님께서 언제까지 인내하실지 혹은 그가 인간 역사를 위해 정해 놓으신 끝은 어디인지 아는 것이 우리에게 허락되지 않았다. 그러나 우리에게 그리스도를 제외하고는 그간 제기되지 않았던 질문, 즉 인류 구원의 질문에 대한 의식적인 대답이 이 운동들 안에 있음을 알아차릴 의무가 있다. 그 대답은 기독교 이후에 생겼으므로 이교적이 아닌 반기독교적인 것이다. 따라서 그 운동들은 그리스도가 인류를 위해 제기하신 문제들을 향하여 있으며, 이러한 사실은 이 운동들과 관련된 교회의 의무를 결정한다. 그 의무는 마가복음 13 장 다음 부분에 암시되어 있다.

(b) 세상 역사 속 사건들과 관련한 교회의 과업은 지배자나 통치자가 되는 것이 아니라 사건의 바른 의미를 증거하여 주님의 고통받는 종과 증인이 되는 것이다.

> 너희는 스스로 조심하라. 사람들이 너희를 공회에 넘겨주겠고
> 너희를 회당에서 매질하겠으며 나로 말미암아 너희가 권력자
> 들과 임금들 앞에 서리니 이는 그들에게 증거가 되려 함이라.
> 또 복음이 먼저 만국에 전파되어야 할 것이니라(막 13:9-10).

교회는 세상에 대한 하나님 통치의 도구가 아닌, 말과 고난을 통한 하나님 통치의 증인이다. 우리의 선교적 사고가 신약성경과 얼마나 가까운지는 교회의 부르심에 대한 이해 중 고난이 차지한 자리가 얼마나 되는지에 따라 어느 정도 판단될 수 있을 것이다. 교회 역사 중 오랫동안 국가 권력을 등에 업었던 '콘스탄틴 시대'의 기독교인들은 신앙으로 말미암은 고난을 비정상적으로 여겼다. 근대 선교사들이 아시아, 아프리카, 아메리카 그리고 태평양에 있

는 비기독교 문화의 국가들로 들어갈 때, 그곳의 기독교인들은 유럽 국가들의 힘을 날개 삼아 보호되며 날아오르길 종종 기대했다. 이러한 오랜 경험의 결과로 많은 기독교인은 어디든지 가서 기독교를 전파—사실은 모든 종교가 가능하다—하며, 법과 질서를 통해 보호받음이 '정상'이라 여기는 듯하다. 이것은 성경이나 혹은 상식에 기초하지 않은 허상이다. 어떤 종류든 공통적인 신념이나 관습의 기초 없이 결속할 수 있는 인간사회는 존재하지 않는다. 자체의 방어 체계 없이 이런 신념이나 관습이 과도하게 위협당하도록 내버려두는 사회는 없다. 다양한 종교가 서로 경쟁하도록 공평하게 대하면서, 종교적 혹은 이념적 신념을 배제한 중립적인 세속 정치 질서를 가질 수 있다고 생각하는 것은 타당하지 않다. 그리스도를 따르는 자들은 제자도의 당연한 표식으로서 그리고 증인됨의 특징을 보여주는 형태의 하나로 고난을 예상해야 한다고 신약성경은 분명히 말한다.

그러나 이것이 세상의 사건 속에 교회가 수동적 역할만을 해야 한다는 뜻은 아니다. 그리스도인은 자신이 따르는 주님과 함께 능동적으로 전파하고 행동하도록 부름을 받았다. 전 세계를 향한 복음의 전파는 하나님이 그리스도 안에서 이루신 우주적 차원의 본성에 대한 증언이다. 그리고 '예수가 행동하고 가르치기 시작하신 것'은 인간 역사를 구성하는 많은 가닥 중의 하나가 아닌 역사의 진정한 목적을 드러내는 진실된 증언이다. 이것이야말로 제자들이 하나님의 나라가 가까이 왔다는 선포를 거부하는 이들과 논쟁하기 위해 시간을 낭비하지 말고 서둘러 다른 지역으로 가라고 지시받은 이유이다. 이것이야말로 사도 바울이 로마 제국 동쪽 지역에 이미 놓은 기초 위에 교회를 세우려 고집하지 않고, 가장 먼 서쪽으로 서둘러 가려 했던 이유이다. 이것이야말로 해외 선교가 보편적인 교회 확장이란 개념에 묻히지 않고 지속적인 중요성을 갖는 이유이다. 이것이야말로 다른 상황에 놓인 이들에게 가서 그들의 상황에 맞는 복음을 전파하는 선교 과업의 본질이다. 복음을 새로운 인간 상황과 끊임없이 연결하려는 것은 하나님이 그리스도 안에서 모든 사람을 위하여 하신 일의 성격을 교회가 증언하기 위해 필요한 본질적인 부분이다. 이것이 없다면 복음은 편안함에 차차 익숙해지며 쉽게 본질을 상실하게 된다. '모든 민족'이란 문구가 심각히 받아들여질 때, '해외 선교'라는 문구는 지속적인 타당성과 필요성을 가지게 된다. 당연한 이야기지만 '민족'이란 단어로 번역되는 성경의 낱말은 오늘날 우리가 그 단어를 사용하여 가리키는 특정 국가와 같게 여겨서는 안 된다.

또한 그리스도인은 행동하도록 부름을 받았다. 이 행동 안에서 그리스도인은 좋은 소식을 선포하도록 기름 부음을 받았고 치유, 해방, 소생의 행동을 통해 복음을 구체화하신 주님과 하나가 된다. 이러한 행동은 증언이며 도구가 아닌 표적이다. 이는 교육 및 치유 기관에서 행해지는 오래된 봉사 형태에서뿐 아니라 새로운 기술 지원 프로그램에서도 마찬가지로 적용된다. 이러한 표적은 보리떡 혹은 물고기처럼 잘못 해석될 수도 있다. 표적이 잘못 해석될 때

표적은 그릇된 모습을 한 메시아주의의 근거가 될 수도 있다(요 6:15 참조). 그릇된 형태의 메시아주의는 기독교 단체 안에서도 나타나기에 다른 운동을 메시아주의라는 관점으로 해석하는 기독교인들은 이 사실에 주의를 기울여야 한다. 자칫 하나님 나라의 표적으로 바르게 이해되던 것들이 그 자체로 인간이 갖는 갈망의 대상이 되어 예수의 주장에 대한 거부(요 6:41)와 제자들의 이탈(요 6:60-66)을 낳을 수도 있다. 그러나 올바르게 이해된다면 그 표적들은 하나님 나라의 임재와 능력에 대해 교회가 증언할 때 필요한 부분이다. 그것은 하나님이 자신의 나라를 세우시는 수단이 아닌, 하나님 나라가 현재 존재한다는 증거들이다. (강사들이 이따금 제안하듯) 우리 시대의 혁명적 운동을 제어하거나 극복하려는 방편으로 교회가 필요한 것은 아니다. 성경에 실린 삶의 방식들과 개념들을 세상 사람에게 주는 영향력과 따로 떼어서는 이 운동이 설명되지 않는다. 교회는 오히려 하나님의 주권적 다스리심을 믿으며 그 다스리심이 분명히 드러나는 장소가 되어야 한다. 즉 사람이 하나님에게 순종이나 거역을 결정하는 장소가 되어야 한다는 것이다. 교회는 이 운동 안에서 하나님을 증거하며 고난받는 종으로 어디든 존재하도록 부름을 받았다.

(c) 그러나 이 증언은 교회의 일이 아니고 교회 안에 거하시는 성령의 일이다.

사람들이 너희를 끌어다가 넘겨줄 때 무슨 말을 할까 미리 염

려하지 말고 무엇이든지 그때에 너희에게 주시는 그 말을 하
라 말하는 이는 너희가 아니요 성령이시니라(막 13:11).

마찬가지로 요한복음에도 성령이 오실 때 그가 세상의 죄와 의
와 심판에 대해 깨우쳐 주실 것이라 쓰여 있다. 교회가 세상에 전
하는 증언은 교회 스스로 만들어 낸 뭔가가 아니다. 그것은 삼위일
체 하나님의 일이다. 그리스도인들이 언제 증언할지는 성령의 주
관 아래 그리스도인이 고난과 거절당함을 허락하시는 성부에 의해
서 정해진다. 증언의 본질은 성령의 일인데 자신의 주권적 자유
안에서 약하고 어려움에 처한 교회의 처지를 세상을 깨우치기 위
한 기회로 사용하신다. 그러므로 그리스도인은 역사를 통해 그리
스도의 사역을 지속하도록 부름을 받았다. 그리고 그 일은 그리스
도의 아들되심을 나누어 받은 자들로서 성부를 경배하며, 성부가
여러 사건을 다루심이 자신들의 사명을 성취하는 기틀이 됨을 인
정하는 것이다. 또한 성령의 임재를 기뻐하며 진행하는 일인데, 성
령은 이런 자들에게 하나님의 완성된 목적을 미리 맛보게 하시고,
이 목적에 관해 가장 강력한 증언을 하시며, 증언을 거부하거나
혹은 반드시 받아들이도록 세상에게 도전하신다.
　그러므로 교회는 위대한 선교사요 사도인 바울이 한 말씀을 자
기 것으로 만들 수 있다.

　항상 우리를 그리스도 안에서 이기게 하시고 우리로 말미암아

각처에서 그리스도를 아는 향기를 나타내시는 하나님께 감사하노라 우리는 구원 받는 자들에게나 망하는 자들에게나 하나님 앞에서 그리스도의 향기니 이 사람에게는 사망으로부터 사망에 이르는 향이요 저 사람에게는 생명으로부터 생명에 이르는 향기라(고후 2:14-16).

성경으로 형성된 삶의 방식과 개념, 그리고 복음이 세상 구석구석에 전해지고 나서 생명력 있는 기독교 공동체들의 탄생과 그와는 다른 방식으로 그 민족들에게 구원을 제시하는 메시아적 운동이 동시에 일어나는 것에 놀랄 것 없다. 이것은 다름 아닌 하나님이 예수 안에서 시작하신 일의 연속일 뿐이다. 또한 스스로 창조하신 모든 만물을 그리스도 안에서 완성시키실 성부의 참된 목적과, 완벽한 행복을 인간에게 주노라 거짓 주장하는 자들이 제시하는 유사품 중 하나를 정확히 선택하게 하기 위함이다. 이렇듯 모든 인류가 최종 결정을 하도록 인도하는 것이 예수 안에 계시된 하나님의 목적이다. 교회는 인류의 한가운데서 하나님의 이 일을 위한 수단으로 존재한다. 그러나 인간이 결정하도록 이끄시는 하나님 목적에 관한 증언은 성령 자신의 증언이기도 하다. 반대와 거절이 일어나는 한복판에서 정확하게 교회는 다음과 같이 말할 수 있다.

우리를 그리스도 안에서 언제나 승리로 이끄시는 하나님께 감사한다.

기독교 선교와 세상 역사와의 관계를 이해하는 것이, 복음과 비기독교적 종교가 만날 때 일어나는 질문들과 밀접한 관계가 있음은 꽤 가치 있다. 이러한 종교들이 현재 보이는 모습은 기독교가 전해진 이후의 현상으로 봐야 한다. 현재 그 종교들 안에서 일어나는 부흥의 징후는 서구 세계와 접했을 때 들어온 모든 영적인 힘들이 그들에게 미친 영향에 대한 반응이다. 그들의 지도자들은 서구의 역동적인 사회가 상대적으로 정적인 아시아와 아프리카 사회에 끼친 영향이 불러온 문제들과 씨름 중이다. 대부분 서구 세계의 과학적 개념들을 탐구하고 자기 것으로 만들길 갈망하지만 서구 사상의 성경적 뿌리에는 관심이 없다.

만약 그리스도인들이 이 위대한 종교들의 현재를 대표하는 모습과 만나 그리스도를 증거하려면, 사회의 일반적인 모습이 되고 있는 역동성의 근원과 특징을 설명할 수 있어야 한다. 그리스도인들은 이 역동성이 고대 비기독교 종교에서는 왜 발전하지 않았는지, 그리고 자신들이 어떻게 삶에 대한 고대의 순환적 이해를 무너뜨려야 하는지, 또한 궁극적으로 예수 그리스도로 이어지는 인간의 본성과 운명에 대한 새로운 질문을 왜 제기하고 있는지 보여줄 수 있어야 한다. 국가적인 계획의 본질과 한계, 세속국가의 개념, 교육의 특성과 목표, 사회 안에서 가족의 위치 등등, 아시아와 아프리카의 국가들이 관심을 두는 시급한 문제들은 하나님이 그리스도를 통해 인류에게 행하시는 일의 의미를 그리스도인들이 증언해야 하는 문제들이다.

그러나 이러한 증언은 교회가 만들어 낸 증언이 아닌, 교회 안에 거하시는 성령의 주권적 활동이다. 교회가 하나님의 목적을 말하려 애써온 것을 비추기 위해 성령은 빛의 권위를 가지고, 충성스러우나 작고 무지한 말을 사용하여 기대하지 않은 방법으로 기대하지 않은 장소에서 증언하실 능력이 있다. 따라서 교회는 어떻게 혹은 무엇을 말해야 할지 걱정할 것이 아니라, 오히려 자신의 모든 삶이 심지어 중요하지 않아 보이는 사소한 것조차 성령 하나님의 주권적 다스림에 열려있는지 신경을 써야 한다.

(d) 마지막으로 마가복음 13장 전체는 적그리스도의 세력들이 하나님 나라에 대항하여 자신들의 모든 힘을 집결시키나 결국은 패배하는 최종적 종말로 하나님이 모든 걸 이끄신다는 확신에 가득 차 있다. 양극화의 과정은 마지막을 향해 가고 있다. 갈등은 더욱 첨예해지고 결정은 더욱 급박해진다. 완벽한 세상을 향한 점진적인 발전은 없다. 세상의 역사는 스스로 구원하는 비밀을 자기 안에 갖고 있지 않다. 세상의 역사의 한 부분이며 그 안에 속해서 역사의 진정한 시작과 종말을 증언하는 교회는, 그럼에도 불구하고 세상과는 구별되는데, 그 이유는 교회가 증언하는 종말은 역사가 진행되면서 자연스럽게 발생하는 그런 종류의 종말이 아니기 때문이다. 그러므로 역사 안에서 인간과 교회의 관계는 단순한 결속만이 아닌, 분리의 관계이기도 하다. 또한 여기서 교회의 주어진 직무는, 인간과 같이 되셔서 그들에게 하나님의 심판을 선언하신 주님을 따르는 것이다. 주님의 십자가는 죄인과 완전히 하나란 궁

극적 표지임과 동시에 인간의 죄를 지독히도 거부하시는 하나님의 마음이 분명하게 드러난 지점이기도 하다. 이러한 이중적 특성은 '인자'라는 신비한 칭호를 선호하시는 데서 드러나는데, 단순하게는 '사람'이라는 의미와 다니엘이 보았던 하늘에서 구름과 함께 다가오던 '신비하고 초자연적인 인물' 둘 다를 뜻한다.

앞의 단락들이 기독교 선교와 세상의 관계에 대한 성경의 가르침을 전체적으로 다루었다고 말할 수는 없다. 그러나 이 장을 되새겨보면 시작할 때 제기했던 질문에 성경은 무엇이라 말하는 지를 어느 정도 이해할 수 있는 정도까지 왔다고 생각한다. 정확히 우리가 원하는 답을 성경이 주었다는 것은 아니다. 성경은 언제나 우리가 관점의 변화를 갖길 요구하는데 이것은 시간과 인내가 있어야만 가능하다. 이 장이 말하는 것은 우리의 질문을 비추는 삼위일체 신앙의 통일성과 연관성을 우리가 이해하는 것이 가능하다는 것이다. 우리의 질문이란 하나님은 어떤 의미로 세상 역사 속에서 일하시는가? 또한 세상 역사 속에서 하나님이 하시는 일과 교회의 선교 과업이 어떻게 관련지어질 수 있는가? 하는 것이다.

소극적 시각에서, 우리 마음에 존재하나 검증되지 않은 특정한 가정들은 성경의 관점에서 볼 때 제외된다. 먼저, 역사를 '능력'과 '운명'의 충돌이나 혹은 신령한 힘의 도움을 받는 영적인 사람과 자연의 힘과의 싸움으로 보는 오래된 이교도의 시각은 거부해야 한다. 예수 안에 명백히 드러나시며 우리 마음속에 계시는 성령을 통해 알 수 있는 하나님이, 만물과 사건들의 모든 기틀을 창조하시며 다스리시는 그 하나님이시란 진리를 믿는 것, 바로 이것이 삼위일체 신앙의 핵심이다. 둘째, 성경은 세상 전체가 점진적 진보 과정을 통해 좀 더 '그리스도를 닮은' 곳이 될 거란 생각에 어떠한 근거도 제공하지 않는다. 따라서 이런 의미로 볼 때 기독교 선교 사역이 '이 흐름'과 동행하리란 견해에도 근거를 제공하지 않는다. 셋째, 성경은 예수 그리스도 외에는 어떠한 구원의 이름도 거론하지 않는다. 하나님이 세상 역사의 힘을 이끄시며 사용하신다고 할지라도, 이것은 구원에 관한 다른 대안적이거나 보완적인 방법이 존재한다는 의미는 아니다. 세상을 위한 하나님의 목적 달성은 고르시고 택하시는 방법으로 진행된다. 그리고 택함을 받아 사랑받으시는 이는 바로 예수 그리스도이다.

좀 더 적극적 관점에서 우리의 질문과 관련된 성경의 가르침 속 핵심은 이러하다. 예수 그리스도가 만물의 시작이요 끝이며, 역사 한가운데로 그가 오심은 역사가 어떻게 끝이 날지 드러내는 것이다. 따라서 예수의 오심은 모으거나 나누며, 종말과 심판의 이중적 과정을 재촉한다. 세상 속 교회의 선교는 역사를 통해 이중적 과정이 그 끝에 이를 때까지 지속하는 것이다. 전체적 교회 선교의 틀 안에서의 선교활동은, 새로운 인간 공동체들이 이 과정이 진행되는 영역으로 들어오게 만드는 수단이다.

그러나 이런 담대한 선언은 예수가 누구인지에 대해 온전히 이해한다는 전제, 다른 말로 하면 삼위일체 신앙의 맥락 안에서가 아니면 제대로 이해될 수 없다. 예수는 성부의 성자이시다. 성부만이 홀로 시간과 때를 아시고 그것을 결정하신다. 보낼 때가 무르익었을 때 성자를 보내신 이가 바로 성부이시다. 인간 역사에서 일어나는 사건을 예수에게 집중되도록 그 사건을 다스리신 이가 바로 성부이시다. 예수의 이름으로 보냄을 받는 연장선에 자리한 교회는 단순히 자기의 확신을 선전하기 위해 낯선 세상으로 나가는 게 아니다. 교회는 예수 그리스도의 아버지에게 속해, 아버지에 의해서 다스림을 받는 세상으로 나아가며, 예수를 선포함으로 세상에 진정한 끝을 알린다. 그렇게 함으로써 교회는 자신의 삶 속에서 주님을 지속적으로 경험한다. 그의 오심이 베드로가 제자가 되게하고 가야바로 하여금 적개심을 갖도록 자극했던 것처럼, 교회의 선교 안에서도 모음과 나눔의 이중적 경험이 존재한다. 그러나 이 경험은 오롯이 성부에 의하여 다스려진다. 인간이 삶을 영위하도록 충분한 안정성과 질서로 세상을 보존하시고, 의인과 불의한 자 모두를 위해 비를 내려주시며, 추수 때까지 알곡과 쭉정이가 함께 자라도록 허락하시고, 인간이 예수를 나의 주님으로 받아들이든지 아니면 거부하든지 결정할 충분한 자유를 짧게나마 유지해 주시는 이가 바로 성부이시다. 마찬가지로 사람들이 이러한 선택을 하도록 부르시고 역사를 주관하며, 교회의 불신과 변절에도 불구하고 세상 역사의 주요한 사건들이 인간 존재의 마지막 쟁점인 진정한 오메가에 관한 질문, 즉 그리스도 혹은 적그리스도에 관한 질문으로 사람을 몰아가도록 역사의 흐름을 다스리는 이 역시 성부이시다. 성부는 자신이 원하는 방법으로 만물과 모든 일들을 다스리신다. 그는 교회에 구속되지 않으신다. 성부는 자신이 원하는 어떠한 사물이나 사람도 다루실 수 있으며, 실제로 다루어 자신을 섬기도록 하신다. 그러나 그의 일하심에는 가시적인 중심과 판단 기준이 있다. 하나님이시나 동시에 사람이시고, 영원하시나 역사의 일부이신 예수 그리스도가 바로 그 오메가이시다. 궁극적 쟁점들이 인간에게 제기된 것은, 예수 그리스도가 특정한 장소와 시간에 육신을 입은 사람으로 세상에 오신 사건을 통해서이다. 그리고 그 쟁점들이 인간의 자각과 의지적인 인정이나 거절을 위해서 계속해서 새롭게 제시되는 것 역시 교회의 선교적 사역을 통해 예수가 인간에게 계속해서 오시기 때문이다.

그러나 이 **계속된 오심**은 단순히 교회의 사업이 아니다. 이것은 성부와 성자와 함께하시는 살아계신 성령의 사역이다. 교회는 그리스도의 오심을 계속해서 보여주시는 성령의 지속적 사역의 외적인 모습이다. 인간이 예수를 구주로 시인함에 따라 모든 사건의 주권적 통치자가 성부이심을 아는 것도 성령의 임재를 통해서이다. 성령은 하나님의 목적이 성취되는 것의 증표이시며, 성령 안에서 우리는 그리스도 안에서 만물이 성취됨을 미리 맛본다. 만물이 성취된다는 확실한 소망도 성령에 의해 가질 수 있으며 그래서 우리의 소망대로 이루어진다는 확증을 지닌 채 행동할 수 있다. 따라서 이렇게 살며 행동하는 사람들은 소망 가운데 살아감으로써, 자신들이 의도치 않은 말이나 행동으로도 성취의 증인이 된다. 이 증언은 근본적으로 '종교적' 언어가 아닌, 세상을 살아가는 인간의 전체적인 삶을 통해서이다. 왜냐하면 예수 그리스도의 빛나고 아름다운 사람되심으로 '모든 것을 완성'하고자 하시는 하나님 의지에 대한 증언이기 때문이다. 성령이 다스리는 곳에서는 말과 행동 하나하나가 세상의 일반적인 사건의 방식으로 숨겨져 있으나 바라왔던 그리스도의 통치를 증거한다. 이는 성령께서 모든 것을 다스리시는 성부와 함께 그리고 모든 것이 그분 안에서 완성될 성자와 함께 계시기 때문이다.

따라서 성령은 성부의 목적을 교회의 삶 가운데 증명하시지만, 교회라는 경계에 제한되지는 않으신다. 선교사들이 경험하듯 사도행전 역시 성령이 교회보다 앞서가신다고 분명히 가르친다. 고넬료처럼 모든 세대와 민족은 그리스도의 말씀을 받아들이도록 이전부터 기적같이 준비되어왔다. 그렇다면, 성령과 성부가 하나이시므로, 성령의 사역이 교회를 따돌리기 위한 하나님의 새로운 방법이라는 뜻이 될까? 절대로 아니다. 교회가 앞으로 일어날 것을 대비하고, 성령이 인도하시는 곳으로 따라가도록 언제나 준비되어야 한다는 것을 의미한다.

마찬가지로 만물을 통치하시고 진정한 종말로 이끄시는 성부의 신성하고도 전적인 다스리심은 교회의 행동이나 이해를 훨씬 뛰어넘는 것이다. 그러나 성부 성자 성령은 하나이시므로 사건들을 신성하게 다스리심은, 성부가 교회 안에서 행하시는 것과 별개로 진행되거나 혹은 대체하는 것이 아니다. 이것은 이미 언급된 이중적특징을 가지고 있다. 이 이중적인 특징은 인간이 삶을 영위하며 스스로 결정하도록 자유 영역을 허락하는 것과, 자신들의 최종적인 운명을 결정하도록 이끄는 것이다. 이것이 교회 사역에 한정된 것은 아니지만, 교회의 궁극적인 목적은 그리스도 안에서 자신의 진정한 운명을 받아들이도록 인간을 인도하는 것이기 때문에 교회로부터 분리되지도 않는다.

이 논의를 요약하자면, 모든 민족을 향한 교회의 선교는 삼위일체 하나님의 사역에 참여하는 것이라 할 수 있다. 그리스도는 사역 안에서 끊임없이 사람들 스스로 진정한 종말에 대한 결정을 하도록 도전하신다. 그 종말은 그리스도가 성육신한 사건처럼 사람들이 즉각적인 종말을 맞이하는 지점이다. 하나님의 나라가 가까워진 것이다. 그러나 선교는 그리스도의 사역이 성취되었던 것처럼, 선교를 좌우하는 것처럼 보이는 사건들을 결정하시며 자랄 때와 추수할 때를 홀로 알고 결정하시는 성부에 의지하여 성취된다. 선교를 좌우하는 표면적인 사건에는 고통, 패배, 배교, 거짓 메시아의 등장 등이 반드시 포함된다. 성공은 추종자들의 숫자나 가시적 사건의 영향 등으로 측정될 수 없다. 교회의 중요한 선교적 증언은 바로 이 지점인데, 바로 하나님 나라의 실체와 능력을 인간이 마주하는 곳이다. 나머지는 성부의 손에 달려있다. 교회는 충성, 그것만으로 충분하다. 그러나 이 역시 걱정할 필요가 없다. 하나님 나라에 대한 증언은 인간의 일이 아니라 성령의 일이다. 하나님의 선교는 인간의 개혁운동 방식을 따라 추진되는 것이 아니다. 하나님 나라에 대한 증언은 성부 하나님이 인간 삶을 이루는 이해하기 어려운 사건들을 통해서 하시는 일, 곧 그리스도 안에서 창조된 만물을 그분 안에서 완성해 나가시는 일에 대한 성령의 증언에 교회가 참여하는 것이다.

이러한 믿음이 우리가 자유롭고 책임 있게 행동하게 한다. 이 믿음은 우리가 하는 일이 무의미한 구렁텅이에서 헤매고 다니는 것이 아니고, 역사를 위한 하나님 목적의 성취에 참여하는 것임을 확증해 준다. 또한, 이 믿음은 역사 안에서 하나님의 완전하신 행동에 대한 믿음에 기반을 두지 않은 모든 약속을 둘러싼 낙관주의와 비관주의의 양자택일로부터 우리를 구한다. 다른 한편으로 이 믿음은 '모든 날과 시간'을 성부의 손에 맡기는 것에 만족하지 못하는 극단적인 종말주의에서도 우리를 구한다.

이 믿음 안에서 우리는 결과가 어떻든 하나님의 사역에 동참하며 그의 즐거움에 참여한다는 것을 깨달으며, 그리스도를 구주로 선포하기 위하여 모든 민족에게 나갈 수 있다.

6장

선교와 인간 삶의 세속화

기독교 선교 사역에서 일어나는 당혹스러움의 근거로 우리가 제시한 두 번째 문제는 인간 삶에 증가하는 세속화인데, 인간이 경험하는 더 많은 영역이 종교와의 직접적 관련으로부터 멀어지는 것이다.

이러한 세속화 과정이 18세기 유럽엔 이미 많은 부분 자리 잡았는데도, 당시와 그다음 세기의 선교사들은 종교 중심적 사회의 정신자세를 대부분 유지했다. 그들은 교회가 가장 눈에 띄는 건물인 도시와 마을, 그리고 교회가 일반 대중의 삶, 예를 들면 교육, 치료, 자선활동, 그리고 '영혼의 치료' 등의 중심을 차지한 나라들 출신이었다. 더 중요한 사실은 사회구조가 모두다 '신성하게' 형성된, 즉 종교가 공동체와 가족의 일들을 좌지우지하는 사회로 파송되었다는 것이다. 따라서 선교사 개인을 중심으로 성장한 새로운 기독교 공동체들이 비슷하게 '신성함'이란 특징을 가지게 된 것은 자연 스러운 일이었다. 태평양 섬들에서 볼 수 있듯 지역 공동체 전체가 기독교를 받아들인 곳에서는 공동체 전체의 신성한 특징이 끊이지 않고 지속되었다. 새로운 종교가 오래된 사회를 효과적으로 묶는 끈이 되었다. 인도처럼 소수만 기독교를 받아들인 곳에서도 기독 교 공동체와 교회 기관들은 대부분 '신성한' 사회의 형태를 이루었 다. 교회는 학교, 병원, 사회봉사 기관을 운영했고, 산업체 운영, 농업 개선, 그리고 일반적 사회 기관에 직접적으로 관여했다. 기독 교 공동체의 구획 안에서 선교사와 목사는 행정관이 담당하는 기 능 중 많은 부분을 도맡았다. 대다수 선교사의 모국에 있는 기존의 교회는 더 이상 사회의 힘 있는 지위를 누리지 못함에 반해, 선교 사가 발을 디딘 새로운 땅의 교회는 20세기에도 공동체 삶의 중심 적 위치에 있었다.

세계의 대부분 지역에서 이러한 상황은 급속히 변화하는 중이 다. 교회가 시작한 교육 및 사회봉사 활동은 국가로 넘어갔다. 오 래된 형태의 교회 규율은 더 이상 받아들여지지 않는다. 교회를 중심으로 형성되었던 오랜 마을 공동체는 공장으로 빽빽이 들어선 새로운 도시에 자리를 내주었고, 교회는 소수의 사람이 개인적 여 가 시간을 할애할 관심 중의 하나 정도로 비쳐진다. 이러한 세속화 의 과정은 세계 구석구석으로 계속 퍼져나간다.

한편, 이 과정은 가족과 지역으로 이루어진 국가 공동체의 간섭 에서 벗어나 개인의 자유가 증가한다고 이해할 수 있다. 전통적인 마을 공동체에서는 사람들의 교제권이 이웃으로 제한되어 있었고, 친구를 선택할 수 있는 여지가 없었다. 현대도시에서는 자동차나 전화의 도움으로 자신의 이웃을 제외하고도 친구를 자유롭게 선택할 수 있다. 따라서 자신이 어떤 기준으로 삶을 살아야 할는지 많은 부분에서 자유로운 결단이 가능해졌다. 긴 세월 동안 결정된 채 주어졌던 것들이 이제는 그렇지 않게 된 것이다. 같은 자유가 삶의 다른 영역으로도 확장된다. 어떤 형태의 정부 아래서 살 것인가도 일률적으로 주어지는 것이 아닌 선택의 문제가 되었다. 현대 사회는 어떤 직업으로 돈을 벌지에 대한 것마저 전통적 사회에서는 꿈도 못 꿀 개인 선택의 문제가 되었다. 돈은 더 이상 금이나 은과 비교해서 가치가 결정되며 물건의 가치를 비교하는 고정된 기준이 아니다. 돈은 정부가 경제발전을 통제하기 위해 조종하는 유동적인 도구이다. 사회적, 정치적, 경제적 삶의 형태들이 결정되지 않은 채로 주어질수록 사람들은 스스로 해야 할 결정에 더더욱 신경을 쓰게 된다. 이러한 사실은 개인과 가족의 삶처럼 가장 친밀한 문제로부터 사회 속 인간의 삶에 관한 폭넓은 문제들로 확장된다.

'기존 질서'의 해체가 해방의 과정이라 하면, 비록 오래된 사회적 유대가 해체됨을 의미한다고 할지라도, 교회가 이 과정을 유감스럽게만 보는 것은 부질없다. 한 아프리카의 목사가 광산이나 대도시에서 몰려오는 세력으로 인해 마을 사람들이 서서히 파괴되는 것을 볼 때나, 한 남태평양 섬 공동체의 원로들이 밀려드는 관광객들에게 어마어마한 영향을 받는 지역 사람들을 목격할 때처럼, 해체의 과정은 고통스러울 수 있다. 교회는 새로운 세력들이 오래된 공동체에 침입하여 발생하는 직접적 영향이 완화되도록 해야 한다. 이것은 변화에 휩쓸리는 이들을 위한 매우 중요한 역할이다. 하지만, 장기적으로 볼 때 신성하며 전통적인 공동체가 유지될 수 없다는 건 분명하다. 인간에 대한 새로운 시대의 도전은 받아들여져야만 한다. 기독교 신앙 및 제자화는 더더욱 개인의 결정 사항이 될 것이며, 사회적 압력이 주는 제한과 관습으로 신앙에 잡아 두는 것은 갈수록 불가능해질 것이다. 반면, 상대적으로 문명화가 덜 된 공동체는 지난 몇 세기 동안 대부분의 선교를 특정 짓던 집단 개종의 여지가 있을 수 있으나, 그것 또한 분명히 줄어들 것이다. 마찬가지로 교육, 의료, 사회봉사와 같이 세속화가 빠르게 진행되는 분야에서도 교회가 영향을 주거나 활동할 만한 공간은 명백히 감소할 것이다. 그리스도인 교사, 그리스도인 의사, 그리고 그리스도인 사회봉사자는 그리스도인 상인, 그리스도인 제조업자 혹은 기술자와 마찬가지로 점차 그들을 감싸주는 '기독교 기관'의 보호 없이 일할 수밖에 없을 것이다.

앞장에서 하나님이 그리스도를 거부하거나 받아들이길 결정하게끔 강하게 몰아넣는 장소가 교회라고 한 것이, 지금 생각하고 헤아리는 문제의 전개가 이해되도록 도와준다. 이러한 문제가 발생할 때 그리스도인이라면 당황하지 말고, 준비되어야 한다. 사실 아시아와 아프리카의 오래된 종교적 사회 한복판에서 세속화의 강력한 도구로 사용되던 것이 바로 기독교 선교 사역이었다. 결코 깰 수 없었던 가족과 부족 내의 신성한 질서와 속박에서 인간을 해방할 유일한 구원자 예수 그리스도의 가르침은 그 자체로 위대한 혁명적 힘이었다. 반면, 유럽인들은 기독교 제국이 신성한 사회라고 믿기에, 세속화란 신성한 사회의 마지막 남은 흔적마저 위협하는 대단히 위험한 실체라고 여긴다. 이런 면에서 세속화를 다른 무엇보다 해방의 한 종류로 이해하는 아시아와 아프리카 그리스도인들의 경험은 유럽 그리스도인들에게 도움이 될 수 있다.

그러나 기독교적 '신성한' 사회 형태가 영원히 지속되리라 믿는 종교적 환상으로부터 거리를 둬야 한다면, '기존 질서'에서 해방되어 인간의 자유를 보장해 준다는 세속주의적 환상에도 거리를 둬야 한다. 어디에도 그런 보장은 없다. 해방이 자유의 가능성을 담은 것은 사실이지만, 그 가능성은 오직 그리스도 안에서만 실현할 수 있다. 완전한 자유인 예수 그리스도의 공로를 의지적으로 수용하지 않는다면, 세속적인 인간은 새로운 종류의 속박에 바로 추락하게 된다. 세속화 과정의 일부로 개인의 자유가 최대한 보장되는 사회에서 '경제적 힘', '소비 심리 조장'과 같은 힘으로 무장한 새로운 형태의 구속이 발견된다. 수많은 사람이 그토록 평화를 갈망하면서도, 전쟁이란 비인간적 운명에 내몰린 자신을 발견하는 것만큼 신랄한 증거는 없다. 그러니 오직 그리스도의 공로 안에서만 자유를 찾을 수 있다. '기존 질서'로부터의 해방은, 예수 그리스도의 공로를 받아들일 기회가 되지 않는 한 잘못 이해되며 의미를 상실한다.

기독교 신앙과 제자화가 점점 더 개인적 결정의 문제가 된다는 사실은 하나님이 그리스도 안에서 일하심을 이해하는 것과 맥락을 같이하나, 한편으론 잘못 이해될 수도 있다. 인간 삶의 많은 영역이 종교의 직접적인 통제로부터 멀어지는 것은 그리스도인이 사회의 많은 영역에 대해 이야기할 거리가 없고 정치, 경제, 문화는 그리스도인의 관심사가 아님을 뜻하는 것이라 여겨질 가능성이 있다는 것이다. 또한, 기독교 신앙이 점점 개인적 결정의 문제가 된다는 점이, 기독교가 개인의 도덕적 문제라는 편협한 영역에만 관심을 가진다고 오해할 수도 있다. 이렇게 되면 선교의 첫 수 세기 동안 복음의 대적자였고 늘 그에 대한 갈망이 언제나 존재하는 신비주의 종교와 마찬가지로 복음이 단순히 개인적이며 사적인 구원만을 약속하는 것처럼 오해받을 심각한 위험이 있다. 복음은 세상의 구원을 포함한 더 큰 일에 관심이 있는데, 우리 시대에 급격히 세속화된 인간 삶의 영역들도 분명히 그 안에 포함되어 있다. 우리는 인간 삶의 이러한 영역이 갖는 세속화를, 그 영역의 구원을 선포하는 복음과 관련하여 어떻게 이해해야 할까? 이것이 오늘날 기독교 세계 선교 안에서 일어나는 실제적이고 뜨거운 쟁점 중 하나이다. 그렇다면, 삼위일체 신앙은 그것을 이해하는 데 어떤 도움이 될까?

복음서가 말하는 대로, 성육신하신 성자의 삶은 당시에 인간이 만들어 놓은 정치적, 사회적, 경제적인 제도들을 완전히 인정한 삶이었다. 사도 베드로는 "인간의 모든 제도를 주를 위하여 순종하되"(벧전 2:13)라고 썼다. 여기엔 먼저 된 것을 나중 되게 하고 나중된 것을 먼저 되게 할 하나님의 통치를 위하여 보냄을 받았음에도 불구하고, 자신이 몸담은 사회구조를 전복하거나 통제하려 하지 않았던 예수의 본보기를 충실히 반영하고 있다. 예수는 인간 삶의 유지와 질서를 위해, 성부가 공급하신 것의 일부로 그것을 받아들이셨다. 초대교회는 노예제도나 여성의 종속과 같은 사회 경제적 제도를 분명히 인정하며 예수의 본보기를 따랐지만 동시에 그리스도 안에서 남자나 여자 그리고 자유인이나 노예의 차별이 없다고 선언했다. "각 사람은 위에 있는 권세들에게 복종하라. 권세는 하나님으로부터 나지 않음이 없나니"(롬 13:1)라고 쓴 바로 바울이 "모든 주권자들이나 통치자들이나 권세들이나 그리스도를 말미암아 그리고 그리스도를 위해서 창조되었고 그가 만물보다 먼저 계시며 만물이 그 안에 함께 섰느니라"(골 1:16-17)라고 썼다. 여기서 '권세'들과 '제도'들은 전혀 '기독교적'이라 할 수 없다. 콘스탄틴 시대는 아직 먼 미래였음에도 불구하고 그것은 그리스도를 통한 그리고 그리스도를 위한 하나님의 창조물로 이해되었다.

그리스도인들은 '권세'와 '제도'에 대해 올바른 관계를 찾는 일에 두 방향으로 잘못을 저질러 왔다. 한편으로, 그리스도인들은 권세와 제도가 그리스도를 통해서, 그리스도를 위하여 창조되었기에 그리스도의 뜻 아래 있어야 함을 잊어버리곤 했다. 이는 하나님의 성령이 인간사회의 새로운 경제 정치 질서에 맞는 형태를 찾도록 그리스도인들을 움직이시는 시대에도 엿볼 수 있다. 노예제도나 개인 군주제와 같은 특정한 형태의 제도를 대체 불가능한 창조 질서의 한 부분으로 절대화시킨 결과를 낳은 것이다. 다른 한편으로, 그리스도인들은 예수 또한 이런 제도 아래 계셨으며, 교회 역시 제도를 지배하는 것이 아닌 예수를 위하여 제도 아래 있도록 부름 받았음을 잊어버리곤 했다. 두 번째 잘못을 가장 잘 보여주는 유명한 예로 그레고리 7세의 교황권 강화를 들 수 있지만, 최근 선교 역사를 포함하여 우리와 더 직접적 연관되며 되새길 만한 일들이 많다.

만약 교회들에게 최근까지 교회가 가지고 있던 인류문화와 사회생활에 대한 직접적 영향이나 통제를 포기하도록 강요하더라도, 이것이 교회 선교의 실패를 의미하는 건 아니다. 이것은 두 가지 사실을 상기시키는데 우선 소극적 면을 살펴보자. 삶의 영역은 교회의 지배가 아닌 그리스도의 지배 아래 있다는 사실이다. 더불어 주님 뜻을 이룰 교회의 순종이란, 인간 삶의 질서와 보호를 위해 성부가 제정하신 제도에 주님처럼 명백히 순종하는지에 일부 달려 있다는 점이다. 좀 더 적극적인 면을 보자. 삶의 영역에 그리스도의 주인되심이 성령 사역에 의해서만 분명히 드러난다는 것을 상기시킨다. 성령은 지금은 감추어진 그리스도의 주인되심에 우리가 참여한다는 증표이며, 또한 그리스도에 속한 것을 보여주시되 모든 걸 한 번에 보여주시지 않고 감당할 수 있을 만큼만 보여주신다. 이처럼 적극적인 면에 대해서는 더 자세히 이야기할 필요가 있다.

　이제 기독교 회중 안에서 성령의 일하심에 대해, 다음 단락에 언급될 내용을 주목하길 바란다. 정치, 경제, 문화 제도와 매일 밀접하게 접촉하는 이는 성직자, 주교들 또는 총회장 등과 같은 교회의 공식적 자리를 차지한 사람들이 아니다. 정치, 경제, 교육, 산업, 과학연구 등의 업무에서 자신의 생계를 꾸려나가는 교회의 일반 성도들이 바로 그들이다. 만약 사회생활 제도에 어떠한 변화가 일어난다면, 이 변화는 이 일반 성도들이 주중 일터에서 내린 결정에 의해서다. 이 분야에서 일하는 그리스도인들이 철저하게 그리스도가 다스리시는 영역 밖에 있는 것처럼 행동하는 것은 충분히 가능하고 무척 자주 일어나는 일이다. 마치 평일에 농장이나 공장에서 하는 일은 자신들이 주일학교나 성경 공부반에서 하는 사역을 호칭하듯 '주님의 일'로 여기지 않는 것처럼 보인다. 이는 사실상 무한한 시간과 온갖 사물의 주관자인 그리스도의 주되심을 부인하는 일이다. 인간 삶의 영역과 그것을 좌지우지하는 '주권과 통치와 권세'가 그리스도를 통해서 그리고 그리스도를 위하여 창조된 것을 믿는지 우리는 돌아봐야 한다. 또한, 그리스도에 속한 것을 보여주시고 그리스도 승리 안에 있는 우리의 몫을 미리 맛보게 하시는 성령을 믿어야 한다. 그리하여, 성령이 자신의 주권적 자유 안에서 기존 제도에 도전하며 하나님이 창조하신 진정한 목적을 알리기 위한 구체적 행동으로 개인이나 단체로 세상일에 관여하는 이들을 이끄실 것을 기대해야 한다. 기독교 역사는 때로 교회의 공식 권위로부터 저항받긴 했지만, 이러한 성령 운동의 많은 예를 가지고 있다. 이 운동들과 그리스도인의 행동을 통해 국가, 경제, 교육 그리고 법의 제도가 변화됐다. 그러나 이러한 예들이 사회 제도권에서 살아가는 그리스도인의 전체 숫자에 비해 매우 미미함을 슬프지만 인정해야 한다.

지난 200년간 그리스도의 이름으로 모든 사회악과 대항하고 싸워서 성공적으로 이뤄낸 빛나는 기록들은 감사한 마음으로 언급되어야 마땅하다. 여기서 자세한 사항을 거론할 순 없지만 그중 우리의 논의와 연관하여 두 가지를 주목해야 한다. 첫째, 대부분 성과는 주로 서구 국가들이 준 권력과 특권으로 교회가 조직된 힘을 발휘하며 상업 시스템과 정부 세력에 대항한 결과였다. 둘째, 세상의 변화—선교활동이 변화에 큰 몫을 담당하였다—와 함께 조직된 교회와 선교활동이 사회악에 맞서 직접적 행동을 취할만한 영역이 매우 줄어들었다는 것이다. 세속화는 어느 곳에서나 이제 일상이 되었다. 기독교 학교, 병원, 사회봉사기관이 그 분야에서 의심할 여지 없이 주도적 역할을 했던 시대로 돌아가는 것은 더 이상 어렵게 되었다. 이 시대의 요청은 국가, 산업, 경제, 문화처럼 사회에 존재하는 제도들과 교회 선교의 관계를 깊이 이해하는 것, 그리고 실제적 행동에 필요한 결과들을 도출하는 것이다. 그런 이해 중심에 다음과 같은 요소들이 있다는 것은 분명하다.

(a) 이 제도들은 인간의 삶을 이루는 틀로 하나님 창조의 일부이다. 그것은 '하나님에 의해서 제정'되었다. 교회는 주님을 따라 제

도들을 인정하며 고유한 특성들이 요구하는 구체적 직무들을 실행하고 그 안에서 삶을 꾸려가는 틀로 받아들여야 한다. 제도들은 교회에 종속되지 않으며 교회의 힘에 직접적으로 좌우되지 않는다. 교회가 '권위들', 예를 들면 국가의 '권위들'에 바치는 순종은 성자가 성부에게 바치는 순종에 참여하는 것이다. 그러므로 그리스도인 종들의 주인에 대한 순종조차도 "욕을 당하시되 맞대어 욕하지 아니하시고 오직 공의로 심판하시는 이에게 부탁하시는"(벧전 2:23) 그리스도의 본을 통해 칭찬받는다.

(b) 만물이 창조되었듯이 모든 제도도 그리스도를 통하여 그리고 그리스도를 위해서 창조되었다. 그리고 제도들은 그리스도 안에서 완성될 것이다. 그러므로 이것이 제도들을 이해하는 기준이다. 그러나 제도들은 죄로 인한 창조물의 타락을 공유한다. 그것은 그리스도가 아닌 '국가의 정당성', '경제적 필요'의 권위 등, 절대적 권위를 주장하는 악의 힘 아래로 들어간다. 이런 일이 일어나면 그것은 인간의 종속화와 비인간화의 계기가 된다. 신약성경이 말하는 극단적 예는 국가의 수장이 신적 권위를 가지고 있다는 가정이다. 그렇게 되면 '하나님에 의해서 임명되었던 자'는 '짐승'이 되어버린다.

(c) 성자이지만 자신을 낮추고 인간을 위하여 모든 '권위'에 완벽히 순종하신 그리스도는 모든 악의 세력에 승리하셨고 "만물을 그의 발아래 복종하게 하실 때까지"(엡 1:22) 성부의 우편에서 성부에 의해 높임을 받고 계시다. 여기에서 우리는 이미 일어난 일과

앞으로 일어날 일 모두를 주의 깊게 보아야 한다. 그의 승리는 완전하다. 그러나 우리는 승리의 완성을 기다린다. 창조물은 여전히 해방을 기다리며 얽매인 상태에서 신음하고 있다. 악의 세력은 인간의 사회제도 안에서 여전히 일하는 중이다. 우리는 아직 제도들이 자신의 진정한 통치자인 그리스도에게 완전히 순종하는 것을 보지 못하고 있다. 교회는 제도들이 타락한 형태라 할지라도 하나님이 창조하신 것의 일부임을 여전히 인정해야 한다.

(d) 그러나 자신의 적이 굴복하기까지 하나님 우편에 앉아계신 그리스도는 우리에게 보혜사를 주고 떠나셨다. 성령을 선물로 주신 것은 그리스도 승리의 징표이다. 그리스도인들은 성령의 삶에 참여하며, 승리를 이미 맛보았기에 승리에 대한 굳건한 희망과 확신을 갖는다. 그리스도인들은 사회의 '제도들'이 하는 일을 그 확신에 비추어서 보고 판단한다. 또한, 성령의 삶에 참여한 그들은 예수를 모든 제도들의 주님으로 고백한다. 사회제도 안의 많은 것이 하나님을 부인함에도, 그리스도인들은 하나님이 인간에게 머물 곳으로 제도들을 주셨음을 인정한다. 그리고 이러한 고백과 인정을 내면에만 숨겨두지 않고 표출한다. 즉, 이러한 제도의 주인은 그리스도임을 증명하기 위해 성령은 자신의 자유와 주권을 사용하여 말과 행동으로 표현하게 하신다. 이 일은 많은 경우 조직화한 교회의 공식적 행동으로 나타나진 않는다. 물론 교회의 공식적 행동 역시 성령의 일하심의 일부이긴 하지만 말이다. 아마도 투박하나 성령이 일하시는 말과 행동들은 일반적으로 관리인, 기술자 혹

은 노동자, 법률가, 공무원, 유권자, 교사, 학생, 집주인, 세입자, 의사, 건축가, 기자 등 제도들 안에 일상적으로 일하며 살아가는 그리스도인들에게서 나올 것이다. 또한 그리스도인들이 제도 속에 지켜야 할 기본적 규칙을 받아들임과 동시에, 그리스도의 주되심과 하나님이 아버지되심에 대한 확신을 따르다 생기는 문제들과 씨름하며 일할 때 보여지는 말과 행동들일 것이다.

여기서 '그리스도인'이라 함은 고립된 사람들을 말하는 것이 아니라, 회중 가운데 함께 결속된 사람들을 말한다. 그들은 성령이 선물하신 공통의 삶을 나누며, 예배를 통해 그것을 표현하고, 복음의 말씀과 성례를 통해 그리고 교제 안에서 서로 돕고 조언하고 훈계도 하면서 그 삶을 나눈다. 그러나, 신자들의 삶이 성령의 권위와 자유란 진지한 믿음 위에 서 있지 않는 것처럼 보이는 것은 심각한 약점이다. 성령의 자유는 공동체 누구에게나 분별력과 지도력이란 선물로 주어지는데, 이 선물은 교회의 일원들을 인도하며 튼튼하게 하는 데 사용된다. 한편, 성령의 권위는 기독교 선교의 실제적 전략을 결정하는 핵심이 된다. 예를 들어 기대치 못한 곳에서 복음이 전해지기 위한 새로운 길을 열거나, 아무도 주목하지 않는 사람들을 복음의 증인으로 삼기도 하고, 혹은 마치 성공이 보장된 듯이 활짝 열려있는 문들을 가끔 닫아버리는 등의 일을 도모하는 권위이다. 이점을 강조하는 이유는 먼저 회중의 삶 가운데서 성령의 권위와 자유가 무엇을 뜻하는지 배워야만 정치, 산업 및 문화로 꽉 찬 세상에서 증인이라는 막중한 임무를 수행함에 있어 성령을 신뢰하고 따르는 법을 배우게 될 것이 분명하기 때문이다.

이것은 가장 먼저 지역교회 성도들에게 강조할 지침인데, 그들이 사는 곳에서 이웃과 더불어 함께 사는 법을 배워야 하는데 바로 그러한 삶 속에서 그 이웃이 그리스도 안에서 형제가 되기 때문이다. 그러나 이 단락이 다루는 구체적 질문과 관련하여, 세상의 삶 가운데 같은 분야의 일을 하는 그리스도인들의 자유로운 유대가 미래를 위해 결정적으로 이바지할 것이다. 예를 들어 아시아와 아프리카의 교육이 더욱 세속화되고 교회의 울타리에서 멀어질수록, 일상적 업무를 위한 성령의 인도하심을 함께 찾을 직장연합 혹은 단체 활동의 기회를 그리스도인 교사들에게 제공하는 것이 무엇보다 필요하다. 과거에 교회가 별로 영향을 미치지 못했던 산업과 상업의 영역에서는 교사들이 느끼는 필요보다는 덜 절실하게 느낄 수 있다. 그렇다고 덜 긴급하거나 덜 실질적이라 여기면 오산이다.

세계 선교의 현 단계에서 우리가 특별한 관심을 가져야 할 구체적인 예가 있다. 기술 개발을 위한 국제적 지원이 급격히 증가하는 가운데, 선교적 소명을 가지고 이 분야로 진출할 그리스도인들 모임에 관한 것이다. 이는 전통적 방식의 선교활동을 위축시키는 세속 운동에 맞선 교회들의 분명하고 적절한 대응이 될 것이다. 이것은 1952년, 빌링겐 회의에서 캐논 워런(Canon Warren)이 한 연설 중 인상적인 제안으로 알 수 있다.

나는 전통적 방식과 더불어 완전히 새로운 선교활동의 요청이 있다고 믿습니다. 예를 들어, 과학교육을 받은 평범한 직장인을 떠올려 봅시다. 그가 현지 상황에 맞는 전문지식을 가지고 어떤 개발 계획에 참여하려 한다고 가정해 봅시다. 과연 그가 오늘날 대부분의 경우처럼 자신의 기독교적 믿음과 일상 업무가 아무 연관이 없다고 생각하며 갈까요? 아닙니다. 오히려 아주 의식적이고 계획적으로 기독교적 통찰에 비추어 '훈련되고 정제된 기술'을 사용하려는 소명을 가지고 갈 것입니다. 승진이나 금전적 보상은 자신이 가진 기독교적 소명에 비해 완전히 부차적인 것입니다. 이와 비슷한 헌신을 한 경험 있는 노동조합원도 마찬가지입니다. 그가 선교지로 간다면 그는 아프리카와 아시아의 신생 노동조합 운동으로 하여금 사회라는 의미, 개인이 사회에 가져야 할 책임, 그리고 사회가 개인에게 가질 책임을 기독교적 통찰 위에 세우도록 도울 것입니다. 또 어떤 사람들은 협동조합 운동의 개발이 기독교적 정직성에 기반 되어야 함을 알리기 위해 갈 것입니다. 이것은 단지 몇 가지 예시일 뿐입니다.

나는 헌신된 모임 안에서 하나된 사람들이 만들어 갈 선교 조직의 가능성을 바라봅니다. 이 조직은 역사에 남은 선교회들이 가진 특징처럼, 영적 지원과 응집력을 가지게 될 겁니다. 한편으로, 나는 새로운 것 또한 상상해 봅니다. 그들이 미개척 지역의 특별한 상황으로 나아가게 되는 상상입니다. 그러면 그들은 자주 고립되고 아주 외로울 것입니다. 그러기에 그들은 온 교회가 지지하고 있다는 확신이 필요합니다. 따라서 이런 활동은 아주 초기부터 다양한 배경을 가진 교회와 문화를 가진 사람들의 도움 위에 구상되어야 합니다. 그들이 들어가서 활동할 세상에 교단주의가 설 자리는 전혀 없습니다. 더 나아가 그 세상은 국가 문화나 전통의 구별 또한 아무런 의미가 없습니다. 이곳이 아마도 우리 시대 기독교 선교의 전체 과업이 새로운 발걸음을 내딛는 기회일 수도 있습니다.[9]

유감스럽게도 11년이 지난 지금까지 이 요청에 응한 일들이 많이 일어나진 않았다. 이 요청은 우리가 물려받은 기존의 틀에 쉽게 들어맞지 않는다. 이는 산업기술이 발달한 세속적 세상은 하나님 창조의 일부이고 하나님에 의해 다스려지며, 그리스도 안에 있는 새로운 창조의 충만함을 돕기로 운명지어졌다는 굳건한 믿음을 요구한다. 또한 성령이 우리를 새로운 길로 인도하시며, 새로운 도전을 위한 새로운 형태의 만남이 순종 안에서 이뤄진다는 신뢰가 같이 요구된다. 삼위일체 하나님 선교에 대한 바른 성경적 이해가 이러한 요구에 필요한 것을 분명히 공급한다.

오래된 교회 건물이 차츰 낡아 없어지거나 시대에 뒤떨어지게 변하는 걸 지켜보는 서구의 나라들, 혹은 기독교 학교나 병원이 더 이상 국가 발전의 지도적인 역할을 못 하는 노쇠한 '선교 현장', 또는 쿠바처럼 보장되었던 교회의 안전이 갑자기 사라진 나라들이 가진 '기독교 제국'에 대한 향수는 매우 인간적이며 이해할 만하다. 그러나 '기독교 제국'이 교회의 선교에서 일시적이며 지나가는 단계인 것을 알아야 한다. 또한 인간 삶의 많은 영역이 '비신성화' 되는 것은, 세상을 예수 그리스도에 대한 신앙과 비신앙이란 궁극적 쟁점으로 하나님이 이끄시는 여정의 일부인 것을 깨닫고 기쁘게 인정해야 한다. 성령의 삶에 함께함으로써 다른 모든 것과 마찬가지로 성부의 자애로운 다스림을 인정할 수 있게 된다. 그리고, 성자가 살던 이 땅의 삶을 특징짓는 '모든 권세'의 인정에 참여할 수 있게 된다. 또한 급진적으로 세속화되는 사회에서 승리를 증언할 때 성령이 주시는 확신을 가질 수 있게 된다.

7장

선교 전진의 형태

이 글에서 숙고하는 세 번째 문제는 선교활동에서 가장 민감한 것이다. 이는 굳어져 변화되지 않는 선교 운동자체에 관한 질문이다. 다른 말로 하면, 아시아와 아프리카 기독교공동체의 자발적 배가라는 면을 볼 때 선교 운동이 복음 안에서우리가 기대하는 수준에 이른 데는 실패하지 않았나 하는 질문이다. 또 다른 말로 하면 왜 오늘날 선교 운동의 자원들이 외부에의존하는 교회 돕기에 대부분 사용되는가? 왜 새로운 전진을 위한에너지는 이다지도 적은 것인가? 하는 질문이다.

근대 선교 기관들의 대부분은 세속 권력과 함께 나아갔다. 또한, 상대적으로 부유하고 강한 나라들에서 정치적 경제적으로 파송국의 직접적 영향 아래 있던 지역으로 들어갔다. 그들은 들어간 지역의 사람들에 비해 월등한 물질적 자원을 배경으로 가지고 있었다.

그리곤 그 자원으로 현지 대리인을 고용하고, 땅과 건물들을 매입하거나, 파송국의 기관들을 본떠서 만든 훈련 및 봉사 기관을 설립하는 데 사용했다. 현지 기관들은 자신의 나라보다 파송 국가 경제와 연결되었기에 그들을 설립한 선교단체 자원에 대부분 지속해서 의존하게 되었다. 게다가 더 중요한 것은 대체로 새롭게 설립된 기독교 공동체들이 그들을 설립한 선교 기관에 처음부터 영적 물질적으로 전적인 의존을 했다는 것이다.

서구 국가의 정치 경제적 힘이 세계의 다른 지역과 비교하여 더 많은 성장을 지속하는 동안, 선교 역시 이 흐름과 더불어 지속될 수 있었다. 그러나 전진이 지속될수록 필요한 도움의 양도 계속 증가하였고, 새로운 전진을 위해 사용할 자원의 비율은 감소하였다. 전체적으로 볼 때 선교 운동은 성공할수록 정체되는 셈이었다. 이렇게 단정하는 것에 예외도 있겠지만, 근대 선교 운동 전체를 볼 때 이것은 타당한 일반화이다.

이러한 상황을 1세기 선교 방법과 비교하는 것은 불가피한 일이다. 신약성경에 나타난 사도 바울과 동료들의 선교 방법은 지금까지 서술한 방법과는 근본적으로 다르다. 명백하게 사도들의 뒤에는 19세기 선교사들의 누린 정치 경제적 힘의 지원이 없었다. 또한 소위 더 문명화된 사회의 특혜도 없었다. 그렇다고 '낙후된 지역'으로 간 것도 아니다. 그들은 고린도나 에베소 혹은 로마의 시민들에게 기술적 지원을 제공할 만한 위치도 아니었다. 그 도시에서 개종자들에게 선교의 대리인이 되도록 급여를 지급했다는 증거도 없고, 새로운 교회의 지원이나 새로운 지역에서 전도하기 위한 추가 헌금을 안디옥교회에 요청했다는 것도 찾을 수 없다. 재정의 집행은 오히려 모두 반대 방향으로 이루어졌는데, 사도를 지원(빌 4:10)하거나 '기존 교회들'을 고통으로부터 구하기 위해 '신생 교회'가 전달한 선물(고후 8-9장 등)이었다. 이렇듯 신생 교회가 기존 교회에 재정적으로 의존했다는 흔적은 어디에도 없다.

더 중요한 것은, 근대 선교에서는 아주 우려스러운 '영적 의존'에 대한 어떤 흔적도 없다는 사실이다. 대부분의 근대 신생 교회들은 설립된 이후 수년 혹은 수십 년 후까지 자신들을 설립한 선교기관에 사역의 지도력을 의존했다. 남은 증거로 추정할 때, 사도 바울이 설립한 교회들은 시작부터 장로나 감독 혹은 집사와 같은 교회 직무를 스스로 감당했다. 그들은 기독교 회중으로서의 삶을 영위하는 데 필수적인 것을 어느 순간에도 시리아나 유대의 기존 교회에 의존하지 않았다. "그리스도 안에서 일만 스승이 있으되 아버지는 많지 아니하니 그리스도 예수 안에서 내가 복음으로써 너희를 낳았음이라"(고전 4:15)라는 사도 바울의 말처럼, 신생 교회들이 그와 밀접한 관계였던 것은 사실이다. 하나님 안에서 그들의 아버지인 바울은, 필요할 때마다 이 사실을 상기시키기에 주저치 않는다. 그러나 부모와 자식 간의 관계가 안디옥 교회 지도자들과 신생 교회의 회중에게 자동 상속된다는 어떠한 암시도 발견할 수 없다. 사도 바울이 이 문제에 분명했다는 사실을 유심히 주목해야 하는데, 가장 실수가 잦고 죄가 많은 회중조차도 온전한 의미를 담아 하나님의 교회로 불렀다는 이유 때문이다. 그는 감독자가 관리 대상을 부르듯 회중을 부르지 않는다. 그는 그들 위에 군림하고자 하는 어떠한 생각도 거부한다. 그는 그들의 동료이지 관리자가 아니다(고후 1:24). 회중은 스스로 믿음 위에 자유로이 설 수 있기에, 바울은 하나님 집의 일원인 그들에게 장성한 아들을 대하듯 말한다.

더 많은 선교적 전진의 중심이 된 것이 바로 생명력 있는 회중들이다. 그들은 지원받기 위해 '안디옥 선교회'에 의지하지 않았다. 외부 자원에 의지해야만 선교의 전진이 가능하다는 도식을 깬다. 그들은, 증인됨과 성장을 위해 꼭 필요한 자원을 그들과 함께 계시는 성령 안에 가지고 있다. 그들은 '보장'이나, 모교회의 보호를 누릴 거란 어떠한 생각이나 기대도 없다. 오히려 믿고 세례받은 후, 그들을 떠나는 사도 바울에게서 "우리가 하나님의 나라에 들어가려면 많은 환난을 겪어야 할 것"(행 14:22)이란 경고를 받는다. 여기서 중요한 것은 사도들이 각 교회에서 장로들을 택하여 금식 기도 하며, 그들이 믿는 주께 위탁하고 떠나는(행 14:23) 바로 그 상황 가운데 이 경고를 내렸다는 것이다. 이교도 사회의 사악함과 부패한 권력에 둘러싸인 채 가시적 지원도 없고, 우리가 아는 한 영향력이 있거나 교육도 거의 받지 않은, 하물며 이제 막 이교 신앙에서 개종한 회중들을 신성한 직분에 임명하고 직접 감독하지도 않은 채 사도들이 떠날 수 있던 특별한 자신감의 비밀이 무엇인지 만약 묻는다면, 오직 하나의 답변만이 가능하다. 바로 새로운 그리스도인들이 성령 받았음을 사도들이 확신했다는 것이다. 사도 바울의 전체적인 '방법'—이 단어가 단순한 한 가지 방법을 훌쩍 뛰어넘는 뭔가를 표현하기에 적합하다면—이 이 하나의 답에 의존한다고 하는 것은 지나친 표현이 아니다. 우선, 하나님의 성령 스스로가 선교사이다. 복음을 받아들인 사람에게 그 성령의 임재와 축복이 주어지는데, 성령을 소유한 사람이라면 자연히 인지하게 된다. 또한, 성령이 계신 곳은 사람에게 필요하거나 혹은 그리스도와 함께하는 삶에 기대할 만한 모든 능력과 지혜와 은혜가 있다.

많은 학자가 주장하듯 갈라디아서가 사도행전 14장에 나오는 교회들에게 썼음을 받아들인다면 거기서 우리는 사도들이 가진 자신감의 근거에 대한 아주 분명한 진술을 얻게 된다. 적절한 감독을 두지 않고서 새로 세운 교회를 떠나겠다는 결단은, 근대 선교사들의 시각으로 볼 때 끔찍한 위험을 감당하는 자신감이다. 왜냐하면 실제로 새로운 교회가 아주 급속히 방황하는 사례를 발견할 수 있기 때문이다. 이 사례는 사도 바울의 선교 방법에 반대할 중요한 근거처럼 보인다. 하지만, 서신서에 확실히 기록된 것은, 사도들이 새로운 교회를 주께 위탁하고 선출된 장로들의 책임하에 맡기고 떠날 때, 사도들은 그들과의 관계를 끊지 않았다는 것이다. 서신서의 모든 단락은 사도와 갈라디아 그리스도인들 간의 단단한 영적 유대와 그들에 대한 사도의 깊은 사랑 그리고 그들에 대한 책임감을 증언하고 있다. 그럼에도 성령이 진리와 거룩함의 근원으로 합당하시다는 자신의 믿음에 사도 바울이 모든 걸 의지하고 있음을 서신서 전체에서 보여준다. 갈라디아 그리스도인들을 올바른 길에서 벗어나게 한 거짓 선지자들은 모든 권위를 자신들이 차지한다. 그들은 굉장한 영향력을 끼치며 성경과 전통을 언급한다. 사도 바울은 성경과 전통을 자신의 직접적 경험을 통해 해석된 십자가와 연관시키며 다음과 같이 거짓 선지자들에게 질문한다.

> 내가 너희에게서 다만 이것을 알려 하노니 너희가 성령을 받은 것이 율법의 행위로냐 혹은 듣고 믿음으로냐?(갈 3:2)

사도 바울은 그리스도 안에서 성령을 받았느냐의 여부로 그들 존재의 진위가 가려질 수 있음을 알았다. 성경을 근거할 때, 사도 바울이 반대자들을 만난 것은 아브라함의 진정한 아들이라면 '성령을 따라서 난 자들'임을 설득하기 위해서다. 그리고 마침내 사도 바울은 그들에게 진짜 쟁점은 율법의 문제가 아닌 성령과 육신의 문제임을 보여준다. 우리를 지배하는 두 개의 힘이 있는데 바로 육신과 성령이다. 또한 성령의 권세 아래 있는 자에게는 그를 반대할 율법이 없다. 율법은 지시하고 명령하여 복종케 할 수 있다. 하지만, 명령 안에 결코 담을 수 없는 사랑, 희락, 화평, 오래 참음, 자비, 양선, 충성, 온유, 절제를 성령께서 그들 안에 직접 만드시기 때문이다. 이것은 율법으로 만들 수 없는, 오롯한 성령의 열매이다. 그리고 성령은 십자가의 복음을 듣고 믿음으로써 주어진다. 따라서 바울은 자필 편지 끝에 갈라디아서의 시작에서 논의한 쟁점으로 다시 돌아간다.

> 그러나 내게는 우리 주 예수 그리스도의 십자가 외에 결코 자
> 랑할 것이 없으니, 그리스도로 말미암아 세상이 나를 대하여
> 십자가에 못 박히고 내가 또한 세상을 대하여 그러하니라(갈
> 6:14).

이것이 진리에서 벗어나는 교회들에 준 바울의 응답인데, 교회
의 통제 아래 더욱 밀접히 두기 위한 수단을 만들려는 게 아니다.
그리스도인으로 사는 삶의 원천이 어디인지, 하나님의 생명수가
흐르는 샘에 살려면 반드시 가야 할 곳은 어디인지를 일깨우기 위
함이다. 갈라디아서의 각별한 논점은 성령과 율법의 관계이다. 다
른 서신서 중 특별히 로마서, 고린도전서, 에베소서는 성령과 교회
안에 있는 여러 사역과의 관계에 집중하여 이야기한다. 두 개의
논점은 근대 선교 운동의 약점을 이해하는 데 매우 중요하므로 각
각에 대하여 간략히 고찰해 보려 한다.

(a) 근대 선교를 아는 사람은, 가장 큰 문제로 형식주의를 꼽는
것에 주저하지 않는다. 형식주의는 새로운 기독교 공동체에서 윤
리적 기준에 대한 합의를 이룰 때, 관련된 사람들의 자유로운 동의
가 아닌 다른 방식으로 시도해서 초래한 끔찍한 결과이다. 사람들
은 당혹감과 후회로 가득한 이 주제에 대해 말하기를 주저한다.
그 속엔 헛웃음이 나올만한 일이 있기도 하다. 경건한 힌두교 신자

의 전통적인 상투 머리를 세례받는 조건으로 자르는 것에 대해 남아시아 선교사와 상류 카스트 개종자 간에 빚었던 갈등은 실소를 자아낸다. 그러나 탄식을 불러일으킬 이야기들이 더 많다. 한 예로, 아프리카 일부다처제에 대한 반대로 인해 갈등하게 된 애처로운 이야기가 있다. 아프리카 개종자들이 일부다처제의 진짜 문제가 무엇인지를 깨닫기도 전에 선교 기관들이 법으로 강제하려 한 결과, 오히려 일부다처제가 더욱 성행하게 되었다. 이 결과, 교회는 가족의 삶에 성령이 주시는 승리와 기쁨을 맛보는 곳이 아닌, 일부다처제로부터 간신히 벗어난 집단을 대표하는 곳으로 여겨지게 되었다. 형식주의는 어디서나 기독교인들을 끊임없이 위협하는 독초다. 하지만, 지배 인종의 우월적 힘과 특권을 대표하는 권력기관이 교회와 더불어 각종 권위를 이용, 선교사의 모국에서 통용되는 윤리기준을 강요할 때 독성은 배가된다. 갈라디아서에서 사도 바울이 열정적으로 호소하며 변호했던 자유가 이러한 상황에서도 인정되리란 것을 사람들은 믿지 못한다. 만약 근대 선교가 그리스도 삶의 순결함, 은혜, 정직함을 입으로 믿는 만큼 행했더라면, 율법의 통제 없이 성령의 임재가 맺은 열매만 달리지 않았을까? 어떠한가, 이 시점의 실패가 근대 선교에서 대부분의 신생 교회를 특징짓던 의존하는 태도와 영적 연약함의 많은 부분을 설명하지 않는가?

(b) 우리가 논의하고 있는 문제들 중 또 다른 중요한 것은 교회의 사역에 관한 것이다. 우리는 새신자를 대하는 성경과 선교사의

분명한 차이를 발견한다. 성경에서 사도들은 신생 교회에서 세례를 받은지 얼마 안 된 사람들 중에 장로로 안수하여 바로 직분을 맡기는데, 근대 선교에서는 안수받은 현지 사역자를 배출하기까지 일반적으로 수십 년이 필요하다고 여기는 것이다. 이에 대한 다양한 이유가 제기될 수 있고 또 제기되어 왔다. 그중 가장 큰 부분은 의심할 여지없이 선교사들 사역에 관한 생각이 모국 교회 사역에 대한 이해로부터 (자연스럽게) 형성되었다는 것이다. 모국에서 이들은 사회에 큰 영향을 끼치던 고학력 남성들의 전담인 전임 사역자였다. 그 사회에서는 양치기들이나 어부들 혹은 천막 제조업자들이 사역하기엔 불가능했을 것이다. 아시아와 아프리카의 이교도 사회는 교회 대부분이 산간벽지에서 성장했는데, 상황에 맞는 선교 사역을 고민하며 수정하지 않은 채 선교사가 지닌 사역에 대한 사회학적 개념을 그대로 옮기려 하다 보니, 한 명이 사십 개 혹은 오십 개 교회의 명목만 '목사'인 상황이 수두룩하게 벌어지는 어처구니없는 결과를 낳은 것이다. 사실 성령은 교육받지 못한 순박한 사람들을 복음의 교제 안으로 부르셨다. 그리고 가르침, 설교, 인도, 상담과 운영의 다양한 사역을 위해 그들 가운데서 선별된 사람을 따로 일으키시는데, 사도들은 이 진리를 믿고 여과 없이 흡수했지만, 근대 선교에서는 이런 일이 어려웠다. 따라서, 사도행전과 서신서에 묘사된 교회들과는 달리, 근대 신생 교회들은 사역 관련 지도력을 부모 교회들에 수십 년간 의지해 왔다.

성령의 임재와 능력을 통해서만 어떤 말이든 성취되리란 진리를 모른 채 복음 전달자로 선교지에 가는 선교사는 당연히 없다. 그리고 회중의 거룩한 삶 역시 성령의 일하심을 거쳐야만 가능함을 인정치 않는 목사 또한 없다. 교회의 선교에서 성령의 역할을 강조할 때 모두가 아는 것을 단순히 반복한다고 여길 수도 있다. 그러나 나는, 이러한 신앙이 생생히 존재하는 순간에도 우리 일의 구조와 전통 안에 신앙이 실제적 영향을 끼칠 수 없게 만드는 요인들이 있음을 여전히 확신한다. 나는 지금 일인칭시점으로 의도적인 전환을 하는 중인데, 왜냐하면 지금 언급할 내용들이 개인의 간증 형태가 아니고는 온전한 전달이 가능한지 의문스럽기 때문이다.

　나는 근대 선교의 전형적인 구조 안에서 선교사로 살며 일해 왔다. 기관들을 운영하고, 인도인 사역자들을 감독하고, 회중을 담당하는 교사들과 다른 이들을 고용하며 관리하는 책임을 맡아왔다. 나는 이 시스템의 실질적인 정체를 목격했다. 급여를 받는 사역자들의 인원을 늘릴만한 자금이 없기에 새로운 지역으로 나아갈 수 없었다. 당연히 교사들 또한 새로운 지역으로 보낼 수 없어서 자신의 마을로 교사를 보내 달라 요청하는 사람들을 유감스럽지만 돌려보내야 했다. 그뿐만 아니라 '본국'에서 새로운 자원을 보내야만 기존의 선교 기관이 새롭게 선교 사역을 시작할 수 있었다. 사실상, '그리스도를 위해 인도를 구원하자'라는 식의 어떤 말도 진정성이 없는 것은 당연했다. 지상명령에 대한 교회의 순종이 예산의 여유란 비본질에 의존하는 것이 정말 맞는 걸까? 나 자신에게 묻지 않을 수 없었다.

대답은 다양한 경험을 통해서 왔다. 먼저, 마을 교회에서 온 평범한 사내들이 북아프리카나 중동의 군대와 같은 어려운 상황에 살면서도, 교회와 선교단체에 속한 공식 기관의 지휘 아래에서 벗어나 친구들 사이에서 어떻게 적극적인 증인과 전도자가 되었는지를 목격했다. 두 번째, 전임 사역자의 지도가 없는 마을 교회들을 다양한 평신도 남녀들이 목사와 전도자로 섬기려 자발적으로 방문한다는 걸 알게 되었다. 그리고 세 번째이자 가장 결정적인 경험은 처음 복음이 선포된 매우 낙후한 어느 지역에서 최근 소그룹 운동이 자발적으로 일어남을 본 것이다. 마지막 경험으로부터 좀 더 넓은 적용이 가능하다고 여겨지는 몇 가지 명백한 확신이 생겼다.

첫째, 선교사와 초신자가 첫 만남을 이루는 그때가 결정적 순간임이 확실해졌다. 이 지역의 복음은 새로운 개종자들을 통해 퍼져나갔다. 교회에서 대리인을 보낸 적 없던 마을로부터 사람들이 떼로 찾아와 가르침과 세례를 요구하곤 했다.

이런 요청에 대한 전통적 답변은 (예산이 허락하면) 급여를 받는 교사를 보내어 일과 세례 준비를 함께하도록 하겠다는 것이다. 그러나 이러한 방법 외에도 실현할 수 있는 다른 답변이 있음을 경험을 통해 분명히 알게 됐다. 그 답은 성령이 그들 가운데서 이미 일하며 이루어 놓으신 것이 무엇인가를 찾고, 그 터 위에서 일을 시작하는 것이다. 그러한 요청을 하게 된 이면에는 일관된 한 가지가 있다는 걸 알게 되었다. 그리스도를 더 알고 싶은 소망을 불러일으킬 만한 어떤 경험이 있다는 것이었다. 그것은 꿈이나, 기도 응답,

하나님의 직접적인 개입하심에 의한 구원, 전도지나 성경 일부를 '우연히' 읽게 되는 것, 혹은 다른 마을에서 온 그리스도인과의 만남 같은 것들이다. 이런 것들은 매우 사소한 것처럼 보였을 수도 있다. 그러나 하나님에 대한 새로운 소망을 갖도록 성령이 이러한 방식으로 이미 사람들과 집단에 감동을 주셨다는 사실이 이러한 요청을 통해서 드러난다. 선교사는 주권자이며 앞서가시는 성령의 감동을 자신의 안내자로 받아들이고 인정해야 한다.

둘째, 선교사는 성령이 감동을 주신 사람이 적어도 지금의 공동체를 위해 선택된 사역자임을 반드시 인정해야 한다는 것이다. 성령이 그를 택하셨음은 분명한 사실이다. 왜냐하면 이 선택된 사역자를 찾아온 이들이 그에게 세례받기를 원하는 이유가 그 사역자가 경험한 것 때문이어서이다. 어쩌면 그는 읽고 쓰기가 불가능하며 무지한 사람일 수도 있다. 물론, 이런 조건이 중요치 않다는 것은 아니다. 하지만 성령이 그를 현재 사용하시며 또한 계속 사용하실 것을 막을 만한 구실은 되지 못한다. 그는 선교사가 무시할 수 없는 영적 권위를 이미 가지고 있다. 구체적으로 말하면, 그는 공동체를 책임지도록 선교 기관이 보내는 '대리자'에게 자리를 내주고 구석으로 밀려날 수 없다는 것이다. 성령이 공동체에서 복음의 소망을 일깨우기 위해 쓰시는 인물이 바로 그 사람이므로, 반대 증거가 나타나지 않는 한 성령이 그를 영적 지도자로 계속 쓰시는 것에 반기를 들어서는 안 된다. 외부에서 오는 도움은 형제로서의 지원으로 그쳐야 하며, 성령이 이미 준비하신 지도자를 대치하는 일은 없어야 한다. 해당하는 인물이 읽거나 쓰지 못한다면 배움으로 해결할 수 있다. 영적으로 깨어있는 사람이 뭐든 빨리 배운다는 것은 경험을 통해 알 수 있다.

셋째, 그 공동체가 우상숭배를 버리고 살아계신 하나님께로 돌아선 것이 확실할 때 세례를 미뤄서는 안 된다. 일정한 가르침은 분명히 필요하되 세례가 성취의 증서인 양 오해되면 안 되기 때문이다. 이따금 실행되듯 초신자에게 세례 베풀기 전 얼마 동안 수습 기간이 필요하다고 주장하는 것은, 세례가 성령에 의한 거듭남의 증표라기보다 선한 행동에 대한 보상으로 주어지는 증서라는 위험한 암시를 주는 것과 같다. 하나님께 돌아가겠노라고 분명한 결정을 내렸다면, 교회는 즉시 새로운 가족 구성원으로 받아들여야 한다. 마치 예수가 자신에게 온 죄인들을 즉시 환영하신 것처럼 말이다. 이점은 복음의 모든 부분 또한 선명히 말하고 있다.

넷째, 세례 이후에는 가능한 충분한 교육이 이뤄져야 한다. 경험에 비추어 볼 때, 이 순간이야말로 배우고자 하는 진정한 열망이 고조되는 때이다. 교육하는 자의 태도는 "이제 당신은 성부 하나님의 집에 가족으로 받아들여졌습니다. 하나님의 가족이 무엇인지, 우리가 어떻게 구성원이 되었으며 하나님의 가족은 어떻게 운영되는지, 그리고 아버지를 기쁘게 할 적합한 행동은 무엇인지 함께 배워봅시다" 하는 것이어야 한다. 새로운 집의 삶은 선교사가 전한 법을 지킨 결과가 아닌, 새로운 집의 삶 자체인 성령의 선물이다. 새로운 삶은 성령의 삶에 참여할 때 주어진다는 것을 매 순간 가르쳐야 한다.

따라서 마지막 다섯째, 배우는 것과 증인됨은 동반되어야 한다. 즉, 새로운 회중은 신앙의 핵심을 배우는 몇 달간에도 이웃에 증거하는 삶을 동시에 살아야 한다. 시작부터 이렇게 해야 할 이유는, 단순한 교훈이 아닌 삶을 배우는 것이며 그 삶은 바로 교통(交通)하심이 본성인 성령의 삶이기 때문이다. 다른 말로 하면, 하나님의 사랑을 배우는 것이고 사랑은 사랑함으로써 배울 수 있다. 따라서 자신을 위해 배우는 것과 다른 이들과의 교통을 동반해야만 진정한 삶이 된다. 이 결과가 지금 내가 예로 삼은 지역교회에서 일어났다. 교회는 지속적인 외부 자원에 의존하지 않고도 자연 발생적 성장을 통해 몇십 배로 증가했는데, 대부분이 이교도인 지역임에도 12년간 13개에서 55개 교회로 늘어났다. 성장의 비결을 꼽는다면 새로운 그리스도인들의 자발적 증언이다. 그리고 영적 지도자가 외부가 아닌 그곳에 있었기에 새로운 교회는 기독교 선교를 불신하며 공동체를 허물려는 강력한 시도를 견딜 수 있었다. 이런 운동 가운데 비로소, 그리스도를 위해 인도를 '구원한다'라는 말을 진심으로 할 수 있다.

신약성경에 기록된 성령의 일하심을 좀 더 이해하며 진지하게 받아들여야만, 선교 전진의 회복 비결이 있다는 믿음의 증거로 내 경험의 일부분을 소개했다. 물론 묘사된 상황의 많은 특징 중에는 기독교 선교가 맞닥트릴 상황에서 흔히 발생하지 않는 것도 있다. 그러나 근대 선교 방법과 사도 바울의 선교 방법 사이에 놓인 엄청

난 차이는 사려 깊은 그리스도인의 양심에 날카로운 도전을 제기
할 것이다. 선교사들이 서구 국가에서 아시아와 아프리카 및 세계
여러 곳에 나가게 된 역사적 환경이, 근대 선교 방법을 자연스럽게
형성했음에 의심의 여지가 없다. 강하고 부유한 교회들의 지시를
따라 상대적으로 낙후되고 무지한 이들에게 가던 선교 시대는 끝
을 향하고 있다. 월등한 부와 권력 그리고 세속적 영향을 행사할
소유에 의존한 선교 전략이 미래에 아무런 희망도 주지 못함은 분
명하다. 지난 수십 년간 선교활동이 해왔던 전통적 선교 사역이
많은 지역에서, 다양한 방법으로 도전받고 있다. 신약성경에 충실
한 모습으로 재생산을 추구하며 다시 태어난 새로운 선교의 움직
임은, 성령의 권위와 주권을 더욱 강조하며 기존의 선교 방식에
정면으로 맞선다.

내가 묘사한 것과 비슷한 경험을 한 그 누구도 이 도전의 타당함
을 의심할 수 없을 것이다. 신약성경에 충실함은 단순히 이론만이
아닌, 실제적 선교활동에서도 성령을 중심에 두도록 우리를 이끈
다. 성령은 여전히 주권적이며 자유로우신데 예루살렘의 장로들과
베드로가 할례받지 않은 이방인들에게도 분명하게 성령이 임하셨
다는 사실에 놀랐듯, 우리를 놀라게 하고 기대하지 못한 일을 이루
실 자유가 있다. 성령은 선교사가 절대 상상하지 못할 길들을 여시
는데, 그리하실 때 선교사는 반드시 그 뒤를 따라야 한다. 성령은
선교사라면 뽑지 않을 사람들을 자신의 도구로 선택하시는데, 이
러할 때에 성령의 선택은 반드시 존중되어야 한다. 성령은 가장

능력 있고 굳건한 기독교 전략을 위압하는 적대적인 세력들 코앞에서, 형편없이 미약하고 초라한 이들을 강력한 증인으로 탈바꿈시키신다. 성령은 세상의 세력들을 흔들기 위해 정말이지 사소하고 일상적인 일들과 말들을 사용하신다. 성령은 수수하며 교육받지 못한 사람들을 선한 목자이신 주님이 부끄러워하지 않으실 전도자와 목사로 만드신다. 성령은 '존재하지 않는 것들을 불러 존재하게 하신다.' 성령이 계심을 보지 못할 가능성도 있다. 전적인 우리 힘만으로 전략을 세워 선교 사역을 조직하는 것도 가능하다. 하지만, 성령의 일은 성령에 의해서만 분별할 수 있으며 이러한 분별력은 오직 사용할 때 자라난다. 어떤 이는 성령의 일하심에 서서히 눈이 멀게 될 수도 있다. 그러나 누군가 성령의 임재에 익숙해질 만큼 성숙해지면 인간적인 모든 요소가 우리와 겨루기 위해 압도적으로 쌓인 듯이 보이는 바로 그 순간, 성령이 스스로 증인이 되어 세상 세력의 밑바닥까지 흔드시는 걸 발견하게 된다. 성령 자신의 승리는, '기독교 제국'의 대단한 자원에 의존하여 이루시는 것이 아니다. 성령은 우리가 가진 모든 걸 요구하시며 자신 뜻대로 사용하신다. 선교 기관들이 진실로 성령의 선교에 복종한다면, 200년간 시류를 따라 일해 왔으나, 이제 거스를 때가 왔다. 세상의 부자와 힘을 가진 이들이 가난과 무지한 사람들에게 가는 것이 아닌, 정확히 반대 방향으로 가야 한다는 부름을 지금 받고 있다면, 성령의 선교에 진실로 복종하며 두려워하지 말고 오히려 기뻐해야 한다. 이러한 총체적 상황을 거치며 '말은 내가 아닌 성령이 하시는 것이란' 뜻을 새롭게 배우게 될 것이다.

하지만 추가로 언급할 것이 있다. 이 시대에 성령 사역을 특별히 강조하는 움직임들이 있는데, 그들은 선교가 삼위일체 즉 성부, 성자, 성령의 사역임을 인지하지 못하여 자신들의 증언을 왜곡할 위험이 도사린 듯 보인다. 신약성경의 믿음이 아닌 성령의 일원론처럼 여겨질 위험 또한 배제할 수 없다. 선교 운동에서 성령 중심성, 성령의 경험, 성령에 대한 믿음을 온전한 삼위일체 신앙의 맥락 안으로 회복하지 않으면 왜곡될 것이다.

성령은 그리스도의 성령이시다. 성령 임재의 결정적 표지는 예수 그리스도가 주님이시라는 고백(고전 12:1-3; 요일 4:1-3 참조)이다. 성령이 능력 가운데 오심은 십자가에 못 박히시고 부활하신 예수 그리스도의 복음을 듣고 믿은 결과이다. 성령은 그리스도께 속한 것들을 취하여 우리에게 보여주신다. 성령은 사람들을 그리스도에게 인도하시고 우리는 성령 안에서 세례를 통하여 하나의 몸, 즉 그리스도의 몸이 된다. 성령은 인간을 모든 종류의 개인적인 흥망성쇠로 인도하는 도깨비불이 아닌, 인간을 예수 그리스도와 한 몸이 되어 교제하도록 묶어 주시는 분이시다. 성령이 주권적이며 자유롭다는 것은 진리이다. 모든 선교사가 아는 바와 같이, 성령은 교회보다 앞서가신다. 그러나 다르게 강조하자면 그가 앞서가시는 것은 다른 것이 아닌 바로 교회이다. 사도 요한은 이 점에 관해서 매우 단호히 말한다.

이로써 너희가 하나님의 영을 알지니 곧 예수 그리스도께서
육체로 오신 것을 시인하는 영마다 하나님께 속한 것이요(요일
4:2).

성령은 사람들을 예수 안으로 이끄실 뿐 아니라, 역사 안에 사셨
던 예수의 삶과 그를 주라 시인하는 이들의 교제 안으로 이끄신다.
이것을 잊으면 성령의 이름은 몸의 연합을 파괴하는 태도와 관습
등을 정당화하기 위해서 사용될 수 있다. 단지 생동력이 있다고
하여 성령이 임재하신다는 표지가 될 수 없다. 따라서 역동적으로
성장하는 모든 게 하나님에게서 온 것은 아니란 말이다. 성령의
자유라는 이름을 내세워 새로운 분파가 끝없이 증가하는 건, 사도
바울이 사랑 안에서 그 몸을 세운다고 말한 것과 같은 것이 아니다
(엡 4:16).

성령은 성부 하나님의 영이시다. 성령은 성부로부터 나오신다.
성령에 의해서 우리는 하나님을 아버지로 인정할 수 있게 된다.
성령의 특징적인 언어는 '아바, 아버지'이다. 성령을 통하여 인간
역사에서 일어나는 모든 사건을 아버지로서 다스리시는 하나님의
통치라 믿을 수 있고, 인류의 세속적인 삶에 대한 하나님의 뜻을
어느 정도 분별할 수 있다. 성령을 통하여 우리는 모든 것이 그리
스도 안에서 완성되는 희망과 기대 속에 살며 행동할 수 있는데,
이는 성령 자신이 증표이고 선험이고 "우리 기업의 보증이 되사

그 얻으신 것을 속량"하시기 때문이다(엡 1:14). 성령을 소유한다는 것은 인간의 세속적 관심사나, 정의와 자유를 위한 공동체와 나라들의 분투, 혹은 예술과 과학 분야에서의 창조적인 작업에서 발을 뺀다는 말이 아니다. 반대로, 성령에게 소유된다는 것은 해방을 기다리는 모든 창조물의 탄식과 고통에 참여함을 의미하며, 우리가 하나님의 자녀로 입양되는 것을 성령이 확증해 주심으로 탄식과 고통이 끝난다는 소망이 충만해짐을 의미한다(롬 8:14-25). 성령에 대한 교리가 성부에 대한 교리와 분리될 때 젊은이들이 교회로부터 멀어짐을 발견한다. 이유는 그들이 살아가며 결정을 내려야 하는 세상의 삶과 교회의 삶이 점점 더 무관하게 보이기 때문이다. 결과적으로 넘치는 활력과 급격한 성장 가운데 시작된 운동들이 결국은 보잘것없이 끝나고 만다.

교회의 선교 과업에서 성령의 중심성을 새롭게 강조하는 것 자체가 왜곡되거나 오도될 수 있기에 되짚을 필요가 있다. 성령은 성부와 성자의 성령이시다. 성령 사역은 우리가 그리스도의 자녀로 참여하며, 성자의 아버지께 순종하여 성자와 하나되는 것을 말한다. 또한, 성령만이 그의 증언에 우리를 참여시키신다. 이렇듯 성령은 당신의 증언을 위한 통로로 우릴 쓰신다.

8장

선교의 삼위일체적 이해

이 책은 교회 선교 사역을 압박하는 문제들을 충실히 다루고 그에 대한 몇 가지 제안을 하기 위해 쓰였다. 그 제안의 핵심은 성부, 성자, 성령 하나님에 대한 기독교의 온전한 교리에 기초하여 사역을 이해해야 한다는 것이다. 나는 오로지 사역의 교리 그리고 그의 몸인 교회가 그 사역을 계승한다는 교리에만 선교적 과업의 기초를 두는 사고방식에 위험 요소가 있음을 제안했다. 또한, 당혹스러운 문제들을 직면하며, 하나님의 삼위일체적 본성의 교리가 선교적 과업의 이해와 성취를 돕는 세 가지 실례를 내가 이해하는 한도 내에서 소개했다. 물론 독자들이 생각하는 다른 실례들도 있을 것이다. 레오나르드 호지슨(Leonard Hodgson)은 "삼위일체 교리가 우리 신앙의 올바른 균형을 유지하게 한다"[10]고 말했다. 이 책에서 나는 이 동일한 진리가 선교적 과업의 이해에도 적용됨을 제안했다.

사도행전의 기록과 비교할 때, "우리의 전반적인 선교적 실천이 성령의 실체와 능력을 바르게 신뢰하는 것은 아니다"라는 말은 매우 타당하다. 또한, "선교가 진취적 힘을 회복하기 위하여 선교적 사고 틀 안에 성령을 다룬 교리가 좀 더 중심에 놓여야 한다"는 주장도 옳다. 오순절 운동의 급속 성장 사례들이 이러한 주장의 증거로 제시되는 것이 매우 타당하다고 본다. 그러나 지금까지 논의했듯 성령의 능력을 실제로 믿는 믿음을 회복하려면, 삼위일체의 실제 믿음에 굳건히 뿌리내려야만 길을 잃지 않는다. 삼위일체 신앙은 세상 역사 속 성부 하나님의 다스림을 분별하고, 세상 가운데 살아가는 그리스도의 몸인 교회의 삶에 온전히 헌신하도록 이끄는 신앙이다.

마찬가지로 "만일 선교가 세상 속 어디든 일어나는 급격한 변화 가운데 하나님이 하시는 일을 사람들이 이해하도록 돕지 못한다면 인간 삶의 실체를 다룰 수 없다"는 주장도 역시 타당하다. 예를 들어 인도(India)의 중요 기록인 "기독교인이 참여하는 국가건설" (*Christian Participation in Nation-Building*)[11]은 다음과 같이 말한다.

> 교회가 국가의 삶에 바른 참여를 하려면, 넓은 의미에서 스스로 서기 위한 국가의 노력에 영감을 주는 것이라고 정의되는 인도 민족주의 안에서 그리스도의 임재와 사역의 의미가 뜻하는 바를 교회가 이해하는 것이 필요하다.

이러한 정당한 요구에 대한 온전한 대답은 지금까지 주장한 것에서 찾을 수 있는데, 이는 믿는 자의 마음속에 임재하시는 성령이 모든 것을 성자의 영광으로 향하게 이끄시는, 성부의 창조적이며 섭리적인 능력을 신뢰케 하는 삼위일체 신앙에서만 찾을 수 있다.

"선교는 우리 것이 아닌 하나님 것이다." 가나에서 열린 선교사 총회의 문구를 매우 진지하게 받아들일 필요가 있다. 우리는 우리가 선택하거나 고안한 사업에 참여하는 것이 아니다. 우리는 창조의 중심이며 의미 그 자체이기도 한 하나님의 활동에 참여토록 초대된 것이다. 성령의 임재를 통해, 사랑에서 우러난 순종을 성부께 드리는 성자의 길에 참여토록 초대되었다. 모든 건 성자 그리스도 안에서 완성되도록 창조되었다. 모든 역사는 이 끝을 향해 가고 있다. 모든 창조물의 목적지가 바로 이곳이다. 성자의 영이며 동시에 성부의 영이신 성령은 마지막 성취의 선험(先驗)으로, 증인으로, 그리고 그것을 향한 여정에 오른 교회의 인도자로 보냄을 받으셨다. 교회는 성공을 약속받지 않았다. 교회는 시련의 한복판에서 그리스도의 평화를, 그리고 교회의 약함과 무지 가운데 주어진 성령의 증거를 약속받았다. 미래를 위하여 교회에 그리스도의 약속이 주어졌다. "너희 아버지께서 그 나라를 너희에게 주시기를 기뻐하시느니라"(눅 12:32). 그리고 지금, 이 순간을 위해서 교회에 그리스도의 보증이 주어졌다. "담대하라 내가 세상을 이기었노라"(요 16:33).

1   *Unfinished Agenda* (Geneva: WCC, 1985) pp. 198-9.

2   *One Body, One Church, One World* (Edinburgh House Press, 1958).

3   1938 년 마드라스의 탑바람에서 열린 IMC 컨퍼런스 "회의록"(conference volumes)을 참조하라(Edinburgh House Press, 1939).

4   J.H. Robinson, *Honest to God* (SCM, 1963). "신에게 솔직하기"(*Honest to God*)는 의심의 파도 속에서 서구 교회들을 침몰시켰다. 이 결과로 하나님이 사역 가운에 어떻게 활동하시는지에 대한 뉴비긴의 질문들은 하나님이 실제로 존재하는지에 대한 논쟁에 의해 삼켜졌다.

5   Norman Goodall (ed.), *Mission under the Cross* (Edinburgh House Press, 1953), p. 239 를 보라.

6   *Christianity and Classical Culture* (Oxford University Press, 1944), p. 474 를 보라.

7   그리스어 단어인 아르케(*arche*)는 처음, 시작, 통치자라는 의미가 있다(역자 주).

8 만약에 마가복음 13:14-23과 누가복음 21:2-24의 차이가 AD 70년에 일어 난 사건에 비추어 마가 자료를 새롭게 쓴 결과라면, 이것은 동일한 논점을 좀 더 분명히 입증한다. 신약성경이 역사의 사건들을 묵시적인 시각에서 해 석한 것은 특정한 사건들이 종말과 동일시된다거나 혹은 특정한 인물들이 적그리스도와 동일시된다는 것을 의미하지 않는다.

9 Norman Goodall (ed.), *Missions Under the Cross* (Edinburgh House Press, 1953), pp. 31-2.

10 Leonard Hodgson, *The Doctrine of the Trinity* (Nisbet, 1943), p. 191.

11 *Christian Participation in Nation-Building*, pp. 294-5. 1960년에 인도 방갈 로에서 토마스(M. M. Thomas)에 의해서 편집되고 인도 기독교협의회와 기 독교 역사 및 종교 연구소에 의해서 발간됨.

품시리즈

"품"은 출판을 통해서 세계선교를 위한 성찰적인 기능과 새로운 대안을 모색하는 GMF Press의 시리즈 명칭입니다. 사단법인해외선교회(Global Missionary Fellowship: 약칭 GMF)는 1987년에 설립된 초교파 복음주의 선교 공동체이며, 세계 복음화를 위해 한국 교회와 전 세계 교회의 파트너로서 섬기는 일을 다하고 있습니다. GMF 산하에는 다음과 같은 기관이 있습니다.

파송기관: GBT, GMP, HOPE, FMnC
지원기관: KRIM, GMTC, GPTI, GLFocus, MK-Nest, SNS, 법인사무국
품시리즈 위원: 권성찬, 김효찬, 이경춘, 홍현철

'품시리즈'는 GMF 감사로 섬겨주신 故최윤호 장로님을 추모하는 기금으로 시작되었습니다.

오늘날을 위한 삼위일체적 선교

1 판 1 쇄 발 행	2024년 9월 3일	
발 행 처	사)한국해외선교회 출판부(GMF Press)	
지 은 이	레슬리 뉴비긴	
옮 긴 이	한종석	
편 집 인	홍현철	
디 자 인	윤희정	
주 소	서울 양천구 목동중앙본로18길 78, 4층	
전 화	(02)2654-1006	
이 메 일	krim@krim.org	
등 록 번 호	제21-196호	
등 록 일	1990년 9월 28일	

ISBN 978-89-86502-94-7 93230

ⓒ 2024년 한국해외선교회 출판부(GMF Press)